历史总是令人叹息

肖刚◎编著

新世界出版社
NEW WORLD PRESS

图书在版编目（CIP）数据

历史总是令人叹息/肖刚编著．—北京：新世界出版社，2012.3

ISBN 978-7-5104-2578-3

Ⅰ．①历…　Ⅱ．①肖…　Ⅲ．①世界史：近代史–通俗读物　Ⅳ．①K14-49

中国版本图书馆CIP数据核字（2012）第022822号

历史总是令人叹息

作　　者：肖　刚
责任编辑：闫　红　郭海丽
责任印制：李一鸣　黄厚清
出版发行：新世界出版社
社址：北京西城区百万庄大街24号（100037）
发行部：（010）6899 5968　（010）6899 8733（传真）
总编室：（010）6899 5424　（010）6832 6679（传真）
网址：http: //www.nwp.cn
　　　http: //www.newworld - press.com
版权部：+8610 6899 6306
版权部电子信箱：frank@nwp.com.cn
印刷：三河市华晨印务有限公司
经销：新华书店
开本：670mm × 960mm　1/16
字数：280千字　印张：18.5
版次：2012年3月第1版　2012年3月第1次印刷
书号：ISBN 978-7-5104-2578-3
定价：35.00元

前言

社会制度是一个国家立国的根本，其制度的优越与否会直接影响到国家的未来前途，尤其是在世界近现代史中，政治制度是否优越可以说直接关系到一个国家的存亡。在近代，欧洲的资本主义国家，尤以英国为例，在早期的殖民掠夺中，葡萄牙和西班牙本来走在世界的最前列，但是由于其恪守传统的封建制度，不久就被英国赶上。而英国能真正称霸世界就在于其制度的优越性，因为有一个比较开明的政治制度，它就为工业的发展直接提供了良好的环境。而工业的发展，尤其是军事工业的发展，把战争由冷兵器时代推向了火器的时代，而火器的优良程度直接决定了一个国家在世界上的地位。正是因为在这个方面优异于世界其他国家，所以在早期的工业革命中，英国不仅比较顺利地完成了工业革命，而且还树立了世界霸权。

相对于英国来说，亚洲国家是处于封闭状态的，这当然与它们特有的农耕文明有关，但是外部的影响，尤其是以火器为武器的殖民者根本不会顾及某种文明的类型，因为工业的脚步只要求有市场和原料即可。早期的中、日两国在英国已经进入火器时代的时候还在使用冷兵器，交战失败也就难以避免。日本虽也是一个比较封闭的封建国家，但是幕府的统治却没有中国那样集权，所以这个看似松散的体系却也为日本带来了生存的转机。幕府虽然是日本的最高主宰者，但是其地方大名的实力亦不可小视，当外来文明对日本进行冲击时，对于统治者来说是可怕的，因为他们害怕因此失去已获得的权益，而对于地方的大名来说，这是一个推翻幕府的极好机会，于是地方大名为了自己的权益而主动去学习西方文明，开始仅仅是为了推翻幕府的黑暗统治，但是发展到后来，他们便成了抵御外辱的基础势力。日本经历了明治维新以后，也走上了独立发展的道路。

日本的改革远没有英国那么顺利，且日本的工业化也完全是在模仿中成长起来的，所以早期在政治制度方面的改革也不是很彻底，天皇制度还是被保留了下来，尽管日本也模仿西方实行三权分立，但是从第二次世界大战中可以看出，日本军人之所以能够执掌日本大权，还是在于日本制度的不完善，给军国主义者留有机会。日本的工业发展也受到了诸多限制，其最主要的问题是原料的来源。日本是太平洋上的岛国，资源十分有限，所以要想充分地发展工业，首先要解决的就是原料的来源问题，这也是日本向外扩张的一个原因。

而对于清朝政府来说，之所以没有像日本那样去改变自己，究其原因，还是集权化比较彻底，上至中央各个部门，下至地方各个衙门，无不贯彻着一个人的意志，那就是皇帝。封建社会的中国向来喜欢集权，所以面对改革的时候，统治者只知有自己而不知有国家，当他们认识到将来的改革会使自己失去既得利益的时候，他们宁可失去国家也不愿意去挽救危局。

辛亥革命算是中国历史上一次比较成功的资产阶级革命，对政治制度的改变也比较彻底，可是中国资产阶级的软弱性一开始就注定了中国在革命后摆脱不了成为殖民帝国代言人的命运。总的来说，虽然中国近代史上几次比较有名的改革都以失败而告终了，但是坚强的中国人并没有因失败放弃寻找挽救中国的方法，最终共产主义给中国带来了新的希望，使中国的历史翻开了新的一页。

本书结合中、日、英三国近代历史的大背景，分析了中、日、英三国在近代的几次比较大的变革，尤其是政治制度和工业化方面的变革。在写作本书之前，我查阅了中、日、英三国的一些近代史资料，对中国的洋务运动、戊戌变法、清末新政、日本的明治维新以及英国的工业革命都做了详细的资料分析后，又结合本人对历史的看法，以严谨的历史态度去写作，尽量做到史料的真实与分析的详尽。当然，由于时间匆忙，在写作的过程中难免有疏漏，请大家予以指正。

在对历史的认识上，不管我们持有什么态度，总的来说，英日的变革还是比较成功的，我们是要肯定的，中国之所以失败，还是在于没有对制度本身进行彻底的改变。我们有太深厚的封建文化积淀，岂能是一下子可以改变的？所以感叹之余，我们不应该有太多的责怪，清楚地认识自己才是最根本、最重要的。

目录

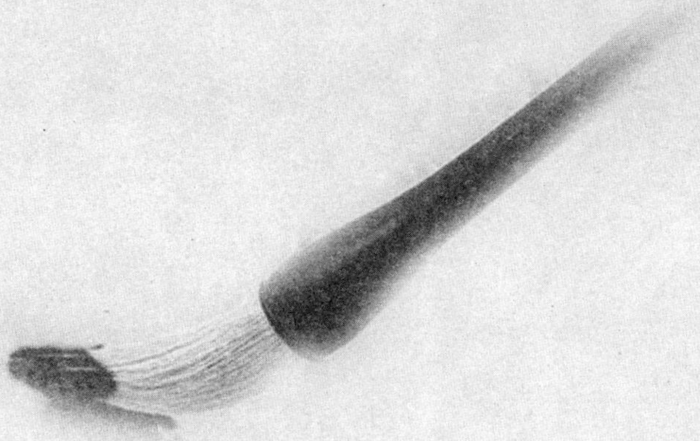

第一章

变革与保守——不同的历史命运

第一节　腥风血雨前的挣扎
（中、日、英三国20世纪前的状况）

一、战火纷飞

1853年，对中国当时的统治者清朝政府来说是一段黑暗的日子，大清国的第九任皇帝咸丰帝遇到了一件非常棘手的事情。事情的经过是这样的：

在1851年1月11日，广西有一个叫做洪秀全的人在金田村发动了一场规模较大的农民起义，并很快地建立了临时政权，还颁布了新的国号“太平天国”。这个事件的发生，意味着中华大地上出现了“天有二日，山有两虎”的现象。

作为中国正统的代表者，清朝政府是绝对不能容忍这样的事情发生的。但是由于当时清朝政府统治的腐败与黑暗，所以在中国的南方，同情太平天国的人是很多的，尤其是生活在底层的中国农民。政府的黑暗，正好是他们翻身的一个机会，因而，太平天国初创时期的规模也是很大的。面对这样的情况，清政府在太平天国起义后派遣军队一路围追堵截，可是收效甚微，尤其是在1853年这一年，清政府不仅没有剿灭太平军，反而失去了南方重要的城市——南京。

以下是法国人看到的太平天国时的南京："翌日清晨，太平军向导带着马匹在岸边等待他们。布尔布隆使团的秘书、葛必达和协助他翻译的汉语教习以及两名船上的军官跟随太平军上了路。他们在猎猎作响的太平军旌旗的簇拥下，伴着开道锣声，沿着巨大的南京外城墙骑马行走了将近一个半小时，最后经正西主城门入城，然后又在宽阔的大道上行进了好几公里。许多房屋被烧毁了，间杂其中的一些商店也关了门，悄无声息。一群群妇女背着从河岸边圣库中领来的大米前往她们各由二十五人组成的女营，其中一些人穿着华丽……一队三十人的中国少年衣着鲜亮，骑着骏马神气活现地在这些法国人周围左右策驰，太平军告诉法国人他们是太平天国首领的孩子……

"其他一些有关太平天国秩序的事情也给这些法国观察家们留下了深刻的印象：一些吸食鸦片者被砍下的首级挂在城墙上的笼子中；《圣经·旧约》前五卷和《马太福音》不断刊印出来，以这些经文和其他一些宗教典籍为依据举行了新式的考试；妇女们在寒冷的冬季请求从圣库领到更暖和的衣服；女营中灯火通宵达旦。在南京城里是不可能从任何人那儿买到一套太平军服饰的，因为没人会用这类货物换钱，这表明了太平天国对经济生活的控制。天王洪秀全每天祷告两次，每当此时大炮齐鸣十响。其他太平天国信徒在祷告和礼拜时也都面露诚意，这些都使这座城市弥漫着一种神圣的气氛。当这些法国人被传唤进会客大厅拜见太平天国官员时，他们被这里面的景象与外面颓败街道上的凄凉情形之间的强烈反差惊呆了。”

法国Cassini号船长在参观完太平天国时的天京之后，在写给母亲的信中写道：“我刚刚陪同布尔布隆公使去了趟南京，公使本人与那儿的官员作了一次会面。那座繁荣不再的城市令我产生一种如同人们参观庞贝城废墟时会有的那种伤感之情。处在防御堡垒系统之内的地方非常广阔，但是我怀疑其中超过1/3的地方是否有人居住。防御工事仍然修筑完好，环绕着长满树木的山丘，那里看不到一丝人烟；这些堡垒至少有四五十英尺高，尽管它们在中国人看来固若金汤，欧洲人或许并不这样认为……”

南京被攻占对于清政府来说，无疑是致命的打击，这相当于把中国的半壁江山拱手让与别人了。可是这时清朝八旗军队的战斗力已经远不如当初他们从山海关外进入中原时那么强悍了。清军入关有两百多年了，战斗力的下降导致他们面对这样一场突如其来的变革时，忽然变得束手无策了，不知道作为最高统治者的咸丰皇帝对自己的军队是什么看法，反正八旗军战斗力的丧失，使咸丰帝不得不同意地方的乡绅自己组织团练，保卫家园。在中国历史上，魏晋南北朝的时候，有世家大族为了抵抗少数民族的入侵，曾经组织过“乌堡”，也就是自己花钱养军队，一边生产一边保卫家园。当然，那时采用，这种方法是不得已而为之，是无政府状态下的一种特别的组织形式。而当时，不仅有政府，而且政府对国家还有一定的控制权，地方武装的出现当然是政府默许的。从此可看出当时社会的混乱，农民起义、地方武装使这片安静了许久的东方土地又开始燃起战火。中国重新陷入了战乱之中，这场纷争给中国以及中国人民带来的是无穷的灾难。

二、破灭的太平梦

1853年，对彼岸日本的统治者来说，也是胆战心惊的一年。这一年日本也不再安静，来自太平洋彼岸的美国终于撬开了日本的大门。

因为日本的市场对美国很有吸引力，而且横渡太平洋去中国时，美国也需要一块地方作为船只的加煤站和遇难船只的保护区，日本就是他们最终选中的地方。早在1853年，东印度群岛分舰队司令詹姆斯·比德尔就乘坐战舰“哥伦比亚”号，率领炮舰“文森尼斯”号去了日本，想要撬开日本的大门，但日本当局冰冷地将其拒之门外了。而两年后，当詹姆斯·格林中校率领炮舰“普雷布尔”号去长崎援救遇难的美国捕鲸船时，日本当局仍然以对待比德尔的方式来对待他。格林中校立即采取了毫不容忍的态度，扬言如不交出捕鲸船，就要炮轰长崎，这才迫使日本交出了美国船只，使其得以胜利返航。

美墨战争结束后，美国在新征服地加利福尼亚发现了金矿，这把许多美国人的注意力集中到了已经成为自家领地的太平洋区域。于是，美国决定撬开日本的大门。

正是在这种野心的驱使下，美国的马休·佩里率领了一支海军远征队开赴日本，他还随身还带着米勒德·菲尔莫尔总统给日本天皇的信，信中要求缔结通商条约。

佩里的舰队共有 4 艘舰船，分别是：装有明轮的蒸汽军舰“密西西比”号、“萨斯克汉那”号，单桅炮舰“萨拉托加”号和用拖船拖带的“普里茅斯”号。当舰队开入东京湾时，数以千计的日本人群集岸边，惊讶地注视着这种从未见过的“冒烟船”。

佩里坚持要把总统的信当面交给日方的高级官员。拖延了一周，日本当局终于同意了他的要求。日本派出王子及天皇顾问伊豆和美方会面，双方举行了隆重的信件交接仪式……信件交接后，佩里就宣称：“舰队今日启程前往中国，明春将率更大的舰队来此，届时当索取日方给总统的回信。”

佩里返回日本的时间比预期要早。因为他在中国沿海过冬时，获悉俄国舰队已到达日本海域，美国担心俄国捷足先登，强迫日本签署合约，所以，佩里匆匆返回东京湾。无疑，这一事件预示了两年以后美、俄之间（或英、俄之间）将在远东展开激烈的角逐。

佩里将船舰近岸停泊，自己则耐心地在横滨附近的村子里同日本人进行冗长的谈判。谈判的结果是，日方愿向美国开放长崎港。但佩里却坚决要求日方开放其他港口。

在谈判过程中，双方互赠了象征各自文化的礼物。日方赠送的是镀金的家具和盒子、铜制的装饰物、精美的瓷酒杯，还有收集的贝壳等。美方赠送的礼物包括轻武器、威士忌酒、农具、钟、火炉、电报机，还有一个比一般火车头小的小火车头，以及煤水车、车厢、路轨等一系列配套齐全的设备。

最后，《神奈川条约》签订了。条约规定：下田、箱馆（现函馆）两地向美国开放；日本对美国失事船只及船员提供保护；日本给美国以最惠国待遇。条约中虽未提及贸易问题，但美国享有在下田建立领事馆的权利。这一条约实际上是两年后日本同外国通商的先声。

佩里回国以后，赞誉声像雪片一样飞来。华盛顿·欧文对他的评价最为精辟："你为自己赢得了不可磨灭的名声，并且是在不流一滴血、不伤害一个人的情况下赢得了胜利。试问，过去有哪一个海军军官能获得这样光荣的桂冠呢?"

美国人的闯入，尤其是军舰的到来，使日本人认识到他们的国家已经走到了很危险的境地，何况他们的近邻—中国的现状更是让他们明白了什么是真正的入侵。平静的生活就此被打破，而日本自身也即将面临新的变革，那就是怎么样避免走中国的路。此时，图存成为日本关键的话题。虽说日本说没有像中国那样有那么多的内忧，但是美国人也不会留给它太多的时间去考虑，空前严重的危机，使这个东亚的岛国从此不再太平。

三、自由和专制的斗争

在17世纪的欧洲，新航路的开辟引起了"价格革命"。价格革命促进了欧洲国家阶级关系的变化。在价格革命的影响下，受到严重损害的有两部分人。一部分是按传统方式收取定额货币地租的封建地主，他们的实际收入因货币贬值而减少，渐渐陷于贫困和破产的困境；另一部分人是城乡的雇佣工人，由于他们处于被雇用的地位，而国家为保护雇主的利益，又一再颁布限制提高工资的法令，致使他们工资的增长幅度赶不上物价的上涨幅度。在价格革命中获利最大的是商品生产的经营者，即手工工场主、资本主义农场主、按资本主义方式经营农牧场的新贵族，还有缴纳定额货币地租的富裕佃农。他们既能更廉价地雇佣劳动力，又有大量产品待价而沽。同时，对英、法等国来说，价格革命还有另一个作用，即初步理顺了从自然经济向商品经济转变时期的价格体系。因此，在英、法等能较顺利地进行资本主义改造的国家里，价格革命有力地加速了封建制度的衰落和资本主义的兴起，促进了商品经济的发展。同时，商品经济的发展也使英国各个阶层的比例有所变化，传统的贵族在大规模的土地转手过程中积累了大量的土地和财富，并积极从事圈地，从而慢慢转化为新贵族。新贵族的增加，无疑对英国进行资本主义改革是有利的。

1625年查理一世成为英国国王，在他统治时期，议会中代表资产阶级和新贵族利益的议员，对政府的各项封建专制政策不断进行指责。于是在议会里逐渐形成了与封建专制王朝对立的反对派。1628年，议会通过了重要的限制王权的《权利请愿书》，其内容主要有以下四点：一、未经国会同意国王不得征税。二、不得随意拘捕人民。三、军队不得驻扎于民房。四、和平时期不得行使戒严法。此四点内容不是新的要求，而是基于原有法律与宪章权利请国王再次进行确认而已。此《权利请愿书》对英国人民权利的保障极为重要，英国宪政史上重要的法律之一。

查理一世为了获得议会对他的金钱补助，勉强批准了《权利请愿书》。这场资产阶级与封建势力的斗争对一个拥有自由文化的国度来说是曲折的，其中包括了资产阶级为了自己的既得利益在一些方面不得不与封建皇权进行的妥协。此时虽然争得了《权利请愿书》的签订，但是在个别条例上还是被国王曲解了。在1629年的时候，查理一世将议会解散了。新一轮的斗争又开始了。1637年，清教评论家普林尼和清教徒医生巴斯特威克、伯顿一起受审，罪名是编写并出版宣传清教的小册子。他们被绑上示众枷，被当众鞭打，并被割掉耳朵，然后被投入监狱，终身监禁。1638年清教活动家约翰·李尔本因传布清教书籍，被判当众鞭打和处以无期徒刑。查理一世政府的残暴统治，引起人民的强烈不满。许多清教徒为了逃避迫害，被迫流亡海外。从1603年到1640年迁到海外的清教徒大约有6万人。查理一世还不顾《权利请愿书》的规定，强征“船税”，这引发了群众运动。当英国国内人民不满的情绪日增，群情鼎沸的时候，苏格兰人的起义又爆发了，这使英国国内的斗争更加尖锐化了。

第二节　面对历史的抉择
（中、日、英三国的变革）

一、北京城风云

中日甲午战争之后的北京城可谓风云变幻。随着中日甲午战争中清政府的失败，其他帝国主义列强纷纷掀起了瓜分中国的狂潮。而就在中华民族生死存亡的关键时刻，在民族危机日益加深的艰难岁月里，中华大地上涌现出了一批生机勃勃的改革家。他们为了挽救民族危亡而奔走呼号，一心要改变中国落后任人宰割的局面。他们当中最有代表性的要数以康有为为代表的维新派了。

本来，清政府的保守派极力反对维新派的变法主张，但是由于国内形势的急剧恶化，清朝的守旧派势力对维新派也稍稍作了让步。守旧派不仅同意光绪皇帝与以康有为为首的维新派接近，也允许总理衙门代递维新派的条陈。

可以说，维新派发展的黄金时期到了，所以，康有为等人就抓住这个机会紧锣密鼓地进行舆论宣传和具体行动的实施。维新派在京城四处鼓动群众，宣传维新变法的好处，使百姓认识到只有变法才能挽救大清朝，也只有变法才能改变中国任人宰割的悲惨局面。此时的维新派在人民中的影响越来越大。与此同时，康有为还通过总理衙门向皇帝递呈了《应诏统筹全局折》等五个条陈，声泪俱下地陈述了中国堪忧的现状，并力谏光绪帝以“雷霆霹雳之气”，成就顶天立地的千秋功业。在奏折中，康有为明确指出，中国本是泱泱大国，但如今却面临帝国主义国家瓜分的局面，其原因并不在外部，也就是并不在于列强的蛮横和强大，而在于中国政府多年来的安于现状、骄傲自大，一味地做着天朝大国的美梦而不思进取。他言辞恳切地指出，如今的中国已经到了生死存亡的地步，如果继续安于现状、不思变革，就会有亡国灭种的危险。只有摒弃落后的封建思想，学习西方先进的政治体制和发展模式，对中国进行自上而下的变革，才能挽救危局，挽救清政府。

康有为的言辞深深地触动了光绪帝和一些锐意进取的进步人士，中华民族历史上的一个不寻常的时期也随之到来了。戊戌年春，维新变法正式拉开了帷幕，举国震惊。改革遍布京城的每一个角落。而据康有为后来回忆，当时，他所居住的斜街门庭若市，几乎变成了知识分子谈论国政的中心，真可谓“来见者日数十，座客填塞，分日夜之力往各会宣讲”。维新派以其极具鼓动性和说服力的演讲鼓舞了无数仁人志士，乃至平头百姓。就这样，一场“人思自奋，家议维新”的改革轰轰烈烈兴起了。

二、岛国惊变

1868年底，明治天皇颁布《王政复古大号令》，宣布废除幕府，而且命令幕府将军德川庆喜“辞官纳地”，把以前幕府的一切权力归还给天皇。同时，倒幕派也组成了新的政府，用来对抗江户幕府的政权。德川庆喜为了转移矛盾，假意将政权归还天皇，却拒绝交出兵权与土地。而倒幕派对这样的结果很不甘心。当获悉德川庆喜从大阪发兵时，以萨摩、长州藩的军队为主力的新政府武装，在京都附近与德川的队伍展开了激烈的战斗。经过3天的奋战，新政府取得了重大胜利。接着新政府就派遣东征军攻打德川幕府的最后一个据点——江户。战争的失败迫使德川幕府最终献城投降。但是在日本东北地区，以会津藩为首的“奥羽越列藩同盟”，继续反抗新政府。但由于当地农民也纷纷起义，所以新政府军在1868年11月顺利地将东北地区的叛乱平定。幕府海军将领榎（jiǎ）本武扬率8艘军舰和部分幕府残兵逃至北海道，并于1869年1月建立“虾夷共和国”。同年6月，在新政府军的接连进攻下，榎本武扬投降。因1868年为农历戊辰年，所以此次战争被称为“戊辰战争”。

内战结束后，日本国内政治趋于平稳。随后，新政府迁都东京（旧江户城），建立明治政府，并发布了一系列改革措施：

第一，在1869年6月，明治政府强制实行“奉还版籍”政策，将日本划分为3府72县，建立中央集权式的政治体制。

第二，改革身份制度，废除传统的“士、农、工、商”身份制度，将过去的公卿诸侯等贵族改称为“华族”，大名以下的武士改为“士族”。为减轻因“奉还版籍”而连带的财政负担，还废除了封建俸禄制度。

第三，提倡学习西方社会的文化和习惯，发展近代教育。

第四，引进西方近代工业；改革土地制度，废除原有土地政策，许可土地买卖，实施新的地税政策；废除各藩设立的关卡，撤销工商业界的行会制度和垄断组织，推动资本主义工商业的发展。

明治维新是日本历史上的一次政治革命，也是日本历史的重要转折点。它推翻了德川幕府，使大政归还天皇，在政治、经济和社会等方面实行大改革，促进了日本的现代化和西方化。

三、小国大革命

1640年，英国国王查理一世迫于各方的压力恢复了长期关闭的议会。这时资产阶级和新贵族联合起来，利用议会同国王进行斗争，起草了《大抗议书》，抨击查理一世的暴政。他们要求限制王权，取消国王的专卖权，监督国王和大臣的活动。但是查理一世拒绝接受《大抗议书》，最终和议会决裂。1642年，查理一世组织王党军，向议会军发起进攻，挑起了内战。1643年，克伦威尔前往英格兰东部，募集了一支主要由自耕农和城市平民组成的骑兵，在马斯顿荒原战役（1644年）、纳西比战役（1645年）等战役中屡次击溃王党军。1646年6月议会军攻克了王党军的大本营牛津。第一次内战以议会军的胜利而结束。当然议会军的胜利在当时来说是值得庆祝的，但是查理一世叛逃苏格兰，也让刚刚胜利的人们不得不警惕查理一世是否还会回来。1648年2月，南威尔士的王党开始暴乱，第二次内战就此开始。虽然这起叛乱来得有一点突然，但是英国各地的中、下层人民，都积极支持议会军，并主动参加同王党的斗争，因而战局很快地扭转到有利于议会军的一面。1648年8月，在普雷斯顿附近的决定性战斗中，王党军被击溃。1648年8月31日，王党军在东南方的最后根据地科尔切斯特向议会军投降。第二次内战以议会军的胜利结束。

通过两次对王党的战争，英国境内的封建残余势力遭到致命打击，尤其是军事力量的丧失，致使封建势力已无回天之力，资产阶级革命势在必行。1649年1月30日，查理一世最终被送上了断头台。同年5月19日，议会正式宣布："英国的人民和所有隶属于它的领土和地区上的人民，都是并都将由此构成、缔造、建立和团结成为一个共和国和自由邦，都将由这个民族的最高权力，即议会中的人民代表和他们所任命的为人民谋福利的官员所统治，而不需要任何国王和贵族院。"这样，英吉利共和国就以法律的形式正式确定下来了。

第三节 迥异的命运

一、帝国的梦想

在古代东北亚，存在过以中国为中心的松散的国际体系。这个体系下的国家和人民奉行四海一家、共享太平之福的理念，强调以冕服文章辨华夷之别，以确定君臣名分的封贡礼仪为政治纽带，并借助朝贡贸易的经济联系和源远流长的文化交流，形成了历史久远而相对稳固的宗藩关系。16世纪前期至17世纪前期，在全球航路开通、西欧人张帆远航、洲际贸易网络逐步形成的时代背景下，古代东北亚的国际关系曾经受到西欧国家以“西学东渐”为主要特色的第一次冲击。面对这样的境况，中、日两国的封建统治者果断采取行动，以禁海锁国的政策有效地阻遏了来自欧洲的冲击，并将西学御用化，继续维持传统的国际关系体制。**到了18世纪中后期，工业革命席卷欧美大陆，东西方国家综合国力的对比发生了根本性的逆转。**1840年以后，欧美列强采用炮舰政策对东北亚国家发起以“西力东渐”为特征的第二次冲击。面对欧美列强的冲击，洞察变局并制定应变之策，成为中、日两国需尽快解决的历史课题。由于日本在江户时代游离于宗藩关系体制之外，洋学开阔了有识之士的国际视野，开港后《万国公法》的普及，特别是明治政府发展资本主义的基本国策，使日本在东北亚国家中最早更新了国际观念并采取了相应的行动。明治维新的成功对日本来说不仅仅是一场观念的革新，在认识到世界之后，日本看到了自己的邻国——中国的现状，彻头彻尾地革新的呼声越来越高。

改革后的日本可以说是一个全新的社会，工业的飞速发展让日本突然变得自信起来，他们发现自己不再像以往那样任人欺凌了。军事力量的增强，国内生产原料的大量需求，需要日本去开拓更广阔的发展空间。中国在1840年以后就不再主导东亚了，欧美国家虽然是看着日本崛起的，但是到手的利益又怎么可能拱手相让呢？在日本崛起之后，东亚似乎变得有些混乱了。日本发现了自己主导东亚的机会，即中国在衰落，而欧美虽然进入到了东亚，但是只停留在了资源掠夺上，对于东亚的政治主导，欧美各国似乎没有那么热心。主导东亚的机会可以说是摆在日本的眼前了。工业革命的飞速发展，带来的不仅是巨大的经济利益，还有军国主义。军事是政治的依附品，日本人一直自称是天照大神的后代，是这么优越的条件却不曾有优越的地位，且其生存环境也不尽如人意。现在日本通过工业革命也具备了像欧美国家一样的条件，日本的帝国梦终于可以实现了。为实现这个梦想，日本克服了不少困难，首先是国家的统一，其次是要征服大海。工业革命给日本带来了一切，从西方传入日本的不仅仅是简单的技术，其精神内涵也被日本全盘接收了。对日本来说，中国丰富的资源，尤其是工业原料，是极具吸引力的。这些都可以成为日本进军中国的理由。日本的入侵不是简单的资源掠夺，日本有比欧美更便利的条件，在文化信仰上，日本更接近中国，所以这场冲突是长久的。明治维新后的日本走上了军国主义的道路，工业革命对其起了推动作用。对于工业原料的需求使日本走上了掠夺之路，在这条路上，日本逐渐成熟起来，并最终称霸东亚。

二、走向没落

戊戌变法的失败预示了清王朝的没落。在中国这片土地上，封建主义思想延续了两千多年，可谓是根深蒂固。要想突然地接受新的外来文化确实有一些困难。何况清王朝又是一个由少数民族建立起来的政权，当初入主中原的时候，清朝贵族视汉族为异己，采取民族压迫政策。文字狱的实施使汉文化思想很难进入统治阶层。现在他们面对的是外来文化，怎么可能接受？对于“君主立宪”这个新名词，我想在中国这片土地上不管是哪一任皇帝都是不愿意接受的。集权制在中国发展了两千多年，延续到清朝，肯定有其优越的一面。当然权力对中国的统治者来说比什么都要重要，谁拥有了权力，谁就拥有了一切，至少在当时的社会是这样的，所以中国的封建统治者一向看重权力。搞君主立宪，就是要剥夺君主的权力，在当时的中国，这可是犯大忌讳的，弄不好是要杀头的。所以改革在第一关就被卡住了，以后如何就更不用说了。统治者不会轻易放弃自己的权力。统治者有武力在支持，自己又不会轻易放弃手中的权利，戊戌变法中的维新派却没有注意这么重要的环节，把希望寄托在了一个无实权的人身上，所以失败是避免不了的。

戊戌变法失败了，中国的改革之路也就走入了末路。但是这场风暴却给中国的思想界带来了革命，让人们看清了中国的现状，看明白了清政府的腐败。新思想的传入，帝国主义的入侵，清政府的软弱无能，让人们彻底明白此时必须推翻这个政府了，于是革命之火遍布中华大地。

其次，清政府在不知不觉的情况下已为自己掘好了坟墓。从1840年英国撬开中国的大门开始，清政府就把对西欧的认识停留在表面上，简单地认为这一切争端的原因主要集中在贸易上，并没有深入地看待问题。虽然其中有个别有识之士看到了本质，可是在清朝这个讲究各司其职的国家里，怎么可能有这些人的说话之地。于是一切都被搁置了。直到40年以后，现状仍然没有改变，统治者依然没有危机感。尽管北京城丢失过，但这并不重要，重要的是权力还在。改革也是如此，没有某个实权人物的指示，这场运动的失败就是注定的，改革在中国最终成为了悲剧。悲剧的背后折射出来的问题是大清国失去了人民的支持。政府腐败无能，国民得不到保障，对统治者来说，无疑是自掘坟墓。戊戌变法后的几年，中国的现状没有改变，靠着卖地又维持了几年。当中国的“最后一任实权统治者”慈禧太后去世的时候，大清这艘船已经满是窟窿，失去了它存在的价值。有多少人为此感慨过，又有多少人为补这条破船而奔走呼号，但最终都于事无补。中、日两国两种截然不同的命运，更加坚定了那些有志者推翻这个腐败政府的决心。清政府放弃了革新，把自己送入了地狱。这个帝国已经失去了往日的光彩，留下的只是史书上那段屈辱的记载。

三、“日不落帝国”的建立

在资产阶级革命后，英国建立了资产阶级共和国。但是这个新兴的资产阶级共和国并不是很稳固，封建保王党人并没有被彻底地消灭。此时，随着克伦威尔个人权力的强化以及对军队的绝对控制，他的野心也暴露了出来。克伦威尔虽然没有直接称帝，但是“护国公”的封号足以使他所拥有的权力可以和皇帝相比。克伦威尔通过对军队中异己分子的清洗以及在政府中不断地为自己争夺权力，终于在1653年12月16日，成为终身护国公。到了1657年5月25日，议会向其提交了一份《恭顺的请愿和建议书》，建议恢复国王的职位和上议院，由克伦威尔担任国王，议会里的议员由国王直接任命。克伦威尔没有接受国王的称号，但是对其他的建议都同意了。这样，他的权力和皇帝等同了，只是称号上有区别罢了。克伦威尔的做法引起了新贵族和资产阶级的不满，在军队中一些高级将领也开始反对他。1658年克伦威尔死后，因为他的儿子没有像他一样对军队和国家的控制力，高级军官开始借着查理·克伦威尔的名义操控国家。但是人们不满的情绪还是流露出来了，局面很快失去了控制。资产阶级虽不愿意和克伦威尔的高级军官合作，但也不愿意看到国家再次发生动乱，资产阶级的软弱性和妥协性也决定了他们现在不具备独掌英国的实力，这时他们采取了向封建势力妥协的态度，即迎接查理一世的儿子查理二世回到英国。查理二世的回归是有条件的，他在荷兰布列达发表了《布列达宣言》，宣布在内战期间没收的王党和教会的土地不予变更；停止宗教迫害；除了直接处死查理一世的人之外，其他反对过君主政体的人一概不予追究。这些冠冕堂皇的话迷惑了那些善良的英国民众。1660年5月，查理二世回到伦敦，登上了王位。于是斯图亚特王朝在英国复辟。可是在复辟后，查理二世并没有像之前所说的那样去兑现他的承诺，反而以恐怖手段去对付那些过去的革命者。查理二世的疯狂并不止于此，他还期望尽量恢复他在革命前的权势地位。但是在经历了资产阶级革命后，英国经济迅速发展，资产阶级的力量不断壮大，他们对查理二世倒行逆施的政策越来越不满意，并开始反对他。结果，查理二世不再拥有像其父亲那样的权力了，在他死后，他弟弟詹姆斯二世并没有得到英国人民的拥护。在1688年的时候，英国进行了不流血的“光荣革命”，并制定了《权力法案》，君主立宪制基本被确立。

英国的资产阶级革命是曲折的，但是在这曲折的革命背后，英国也在逐渐走向强大，传统的殖民主义国家西班牙和葡萄牙相继被英国打败，相对于封建制度，资本主义制度再次被证实是先进的。资产阶级革命的成功为英国的工业革命作好了有利的铺垫，制度的更迭减少了对工业革命的阻碍，使英国工业最终走在了世界的最前列。由于工业革命的推动，英国加快了在海外的扩张脚步。为了掠夺更多的工业原料和寻找新兴的产业市场，英国凭借其先进的军事力量在世界各地“开疆拓土”。英国通过这次革命，完善了政治制度，推动了经济发展，拓宽了其殖民土地，“米”字形国旗随处飘扬，真正的“日不落帝国”由此形成。**工业革命和资产阶级革命在英国可谓是“相辅相成”，资产阶级革命推动了工业革命，而工业革命又将资产阶级的理念传播到了世界各地。尤其是在亚洲，工业革命的扩散不仅促进了亚洲的发展，而且对亚洲的封建势力造成了致命的打击。**各国的有识之士通过这场革命彻底认清了封建制度的落后，呼吁改革的声音传遍了整个亚洲。日本在吸收工业革命成果的过程中，逐渐成为亚洲第一强国。可见，工业革命的力量是多么强大。

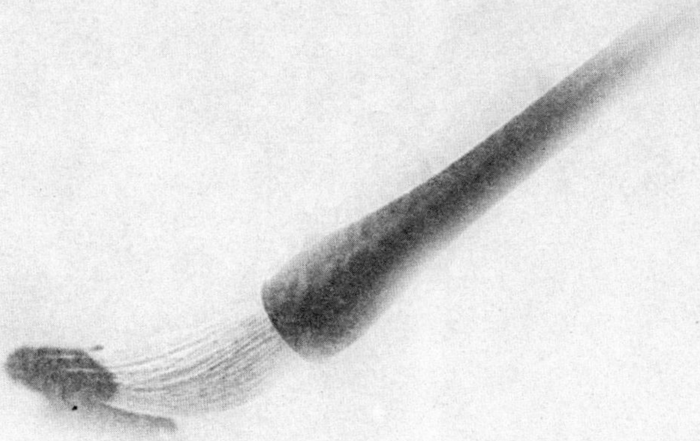

第二章

主导东北亚政治舞台的新星

第一节　岛国的沧桑

一、海洋孕育出的东亚岛国

关于日本国的起源，历史文献的记载很少。日本的文字最早起源于中国，大约在公元8世纪左右，中国汉字传人日本，日本取其偏旁，造出了自己的文字。有文字才能有历史，但是从目前日本的考古发现来看，大约三四万年以前，日本国就有了人类生存的遗迹，其主要体现在一些出土的石器。这是科学的考证，也是日本人认可的说法。虽然日本没有中国那么悠久的历史，但是对于日本民族的起源问题，也是争论了很久，直到现在，谁也说不清楚。这其中争论最激烈的是关于中国的徐福东渡到日本的问题：

据中国史书记载，公元前219年，秦始皇第二次出巡，在泰山封禅刻石后，又浩浩荡荡地前往渤海。抵达海边后，秦始皇登上芝罘岛，纵情观览，只见云海之间，山川人物时隐时现，蔚为壮观。观此美景，秦始皇顿觉心驰神往。这种景象本来是海市蜃楼，但方士为迎合秦始皇希望长生的心理，将其说成是传说中的海上仙境。徐福乘机给秦始皇上书，说海中有蓬莱、方丈、瀛洲三座仙山，有仙人居住在其上，他可以去帮秦始皇求得长生仙药。秦始皇大为高兴，随后根据徐福的要求，派童男、童女数千人随他出海求取仙药。他本人也常在此流连观望，等候徐福佳音。然而，等来的只是空手而归的徐福。徐福自称见到海神，海神以礼物太薄，拒绝给予仙药。对此，秦始皇深信不疑，增派童男、童女3000人，令徐福再度出海。此后，秦始皇则不肯离开，一直等候了3个月，不见徐福的消息，才怅然而回。

这是一个真实的事情，记载于司马迁所写的《史记》里面。但是问题的关键就在于徐福出海后到底去了哪里？目前国内外许多学者坚持认为徐福出海东渡后最终去了日本。《徐福入日本建国考》（香港卫挺生著）一书认为徐福就是日本的开国者神武天皇仲田玄。当然这也不是能随便说的，评说历史必须要对事实负责。之所以有争论，是因为日本岛上确实有徐福活动过的遗迹。在日本国内很少有人接受这种说法，在他们看来，日本民族是亚洲最优秀的民族，怎么能有个中国的“祖先”呢？所以他们认为此观点是荒谬的。因为日本早期处于各个小国自相独立的状态，且没有文字记载，所以到了公元前660年，神武天皇统一了国家以后，才算真正有了自己的历史。

二、幕府政治

日本在历史上出现过“幕府政治”。但“幕府”这个词最早出现在中国，用来代称将军的官署，因为古代将军行军时居住和指挥都在帐篷中，故有此名。日本人沿用了这个词以后，用来指称征夷大将军的官署。

1192年，源赖朝在镰仓建立了日本最早的幕府。从此，幕府就与朝廷长期并存，但是，国家的实权却在幕府手里。

建立幕府的源赖朝的祖先在历史上是皇族，住在关东地区，据说《源氏物语》讲述的就是他们家的故事。12世纪中叶，源赖朝的父亲源义朝，与另一皇族后人平清盛发生冲突。结果，源义朝被杀，平清盛掌权。源赖朝本来也将被杀，但是据说平清盛的夫人看他长得像自己早夭的儿子，便放了他一条生路。1180年，源赖朝在岳父北条时政的支持下起兵对抗平清盛，双方在富士川发生激战。平家的军队不战而溃，平清盛也于第二年被气死了。1185年，平氏家族灭亡。胜利后，源赖朝被封为“征夷大将军”，掌握了军政大权。后来源氏被灭，镰仓幕府为北条家所有。

1333年，足利尊氏消灭了北条氏，自立为征夷大将军，并在京都的室町建立幕府，即室町幕府。当时，由于足利的逼迫，后醍醐天皇逃往吉野，建立了南朝；而足利尊氏却在京都立光明天皇，建立北朝。到1392年，室町幕府的第三代将军足利义满歼灭了南朝，统一了日本。

室町幕府后期，日本进入了战国时代，将军开始变得名不副实。1573年，织田信长赶走了末代将军足利义昭，室町幕府就此灭亡。织田信长的梦想，何尝不是做征夷大将军呢？但是他壮志未酬，就死在明智光秀手里了。而明智光秀杀死织田信长后就被封为大将军，只可惜受封后没几天，他就死了。

后来，丰臣秀吉基本完成了日本的统一大业。由于丰臣秀吉想要个名分，他曾经求比他小两岁的足利义昭，希望能做足利义昭的养子，好让自己名正言顺地做将军。这在当时的日本是很常见的，上衫家、北条家都是做了别人的养子才继承其姓氏、地位、官爵和领地的。但足利义昭不愿意收丰臣秀吉为养子，于是，丰臣秀吉就做了关白。

关白，就是太政大臣，是当时朝廷最高的官位，本来是只有皇族亲王才能担任的。858年，外戚藤原良房专权，就是以太政大臣执掌朝政的。天皇也曾诏告群臣："政事万机，概关白于太政大臣。"所以太政大臣又叫做关白。丰臣秀吉又让位给养子，自己仍在幕后掌权，人们将退下来的关白叫做太阁。虽然丰臣秀吉一直没做将军，但实际上关白和将军没有本质区别。日本一般把将军专权的形式叫做"幕府政治"，而把关白专权的形式叫做"摄关政治"。

丰臣秀吉死后，德川家康趁机拼命扩大自己的势力。关原之战后不久，德川家康就被任命为征夷大将军，还建立了江户幕府，他还在1615年的大阪之战中，彻底消灭了丰臣家的势力。自此以后，德川家共传了十四代。直到1867年，江户幕府的末代将军德川庆喜还政于明治天皇，幕府政治才结束。

第二节　没落的政治

1858年《日美友好通商条约》订立后，在“尊王攘夷”派公卿、大名和武士的推动下，孝明天皇居然拒绝批准条约。这无疑加剧了幕府和天皇之间的矛盾。与此同时，在关于第十四代将军人选的问题上，幕府又和雄藩大名闹僵了。德川幕府的第十三代将军德川家定体弱多病，且膝下无子，面对开港的形势，幕府急需一位铁腕将军出面来控制局面。大老井伊直弼强调血缘关系，并拥立出身“御三家”之一的纪伊藩的年方9岁的德川庆福，形成在朝的纪州派。以萨摩藩大名岛津齐彬为首的雄藩大名则注重贤明和声望，拥立出身“御三家”之一的一桥家的年已17岁的一桥庆喜，构成在野的一桥派。两派互不相让，展开激烈的斗争。在这个过程中，天皇朝廷与雄藩大名互相接近，取得对政局的发言权，打破了幕府200余年独断专行的局面。面对内忧外困的局面，日本幕府在1858年《安政五国条约》订立后，于1860年向西欧派出了首批留学生，并派遣赴欧美的使节团。1864年，幕府创建了海军舰船兵器制造厂、横须贺造船厂，等等。凡此种种，与开港在先却反应迟钝、行动颟顸的清朝统治者形成鲜明对比。日本幕府为自救、自强而被迫采取的对外开放的政策，为洋学的兴旺和发展，在客观上提供了有利的条件。随着欧美事物在日本的传播，以新知识分子为核心的近代化人才集团形成了，并成为幕府统治的掘墓人。开放政策的推行者幕府因其制定的政策而加快走向崩溃，事态如此发展为幕府始料未及。同样，推翻幕府统治过程的艰苦、曲折与复杂，也是倒幕志士们所始料未及的。

1858年4月，彦根藩藩主井伊直弼就任德川幕府的最后一任大老。他上台伊始就推行强化幕府权力和权威的强硬政策，并且强行拥立德川庆福为第十四代将军。同年6月，他又无视天皇的意志，自行批准了《日美友好通商条约》。1858-1859年，井伊直弼下令逮捕吉田松阴、桥本左内等带头横议的中下级武士，将其押解到江户审讯并判处死刑；对已故的梅田星岩等掘墓斩尸；下令将西乡隆盛、海月等押回藩里严加处置；对岛津齐彬、一桥庆喜等给予软禁并勒令反省的严厉处分，等等。在此期间，受到镇压和被牵连的公卿、大名、幕吏、处士等多达100余人，吉田松阴、桥本左内等8人被处死，西乡隆盛等被迫投海自杀而后获救。腥风血雨笼罩了日本，史称“安政大狱”。面对井伊直弼的血腥镇压，许多下级武士联合起来，于1860年农历三月初三将井伊直弼刺杀在樱田门外，史称“樱田门外事件”。此后，“尊王攘夷”派士气大振，幕府的权威扫地。这次刺杀给幕府当局以强烈的刺激。新上台的老中安藤信正等温和派抛弃了井伊直弼的强硬政策，转而推行靠拢天皇、密切将军与皇室关系的“公武合体”

政策，以收拢人心，安抚上层人物，并借助“皇威”压制中下级武士。此举引起“尊王攘夷”派的不满。1862年农历正月十五日，“尊王攘夷”派在坂下门外袭击老中安藤信正，他们还促使天皇命令将军德川家茂和候补将军德川庆喜西赴京都参拜天皇和神社，下令自1863年5月10日起实施“全国大攘夷”。1863年6月，长州藩率先实行攘夷，炮击下关海峡的法国、美国船舰，偷袭得手。不久，法、美两国组成联合舰队，向“尊王攘夷”派的大本营长州藩发起进攻。在海岸攻防战中，长州藩的炮台被法、美舰队的猛烈炮火打哑，长州藩惨败。长州藩的惨败引起了英国军队对萨摩、长州外样大名举动的注意。同样，萨摩、长州藩的中下级武士开始认识到欧美列强在武器上的优势，双方出现相互接近的契机。与此同时，“尊王攘夷”派的失败使得其与天皇的政治关系发生变化，天皇为求自保，抛弃了“尊王攘夷”派。1863年8月18日，天皇发动政变，宣布此前的诏令多出违心，自即日起所颁布的诏令方为真诏令，而第一个真诏令即勒令“尊王攘夷”派立即离开京都。随后幕府又组织策划了一系列针对“尊王攘夷”派的清洗行动，对“尊王攘夷”派进行了致命的打击。在一系列重大的挫折中，“尊王攘夷”派发生了分化，一部分志士，如久坂玄瑞等坚持寄希望于京都朝廷，试图恢复在京都的政治优势；另一部分志士，如木户孝允、高杉晋作等制定并推行以长州藩为根据地的“大割据”新政策。“大割据”政策对内是想立足于本藩的建设，组织以农民为主体的新式军队“奇兵队”，割据自强；对外，则停止与英国毫无意义的对抗，积极发展贸易，购置新式武器，装备军队，不断积累实力，伺机以武力推翻幕府的统治。“大割据”政策的提出，标志着决定日本命运的基本力量，即武力倒幕派的最终形成。

1864年7月至1866年12月，幕府针对长州藩发动了两次征长战争（指对长州的征讨）。第一次征长战争爆发于1864年7月，幕府利用长州藩被宣布为“朝敌”的机会，调30余藩的军队围剿长州藩。同年8月，英、法、美、荷四国组成联合舰队，猛烈炮击长州藩海岸炮台，长州藩大败。长州藩在此次征战中并未被完全消灭，反而是幕府的主力军萨摩藩因未获得对政局的发言权而与幕府产生了隔阂，并于1866年1月，与长州藩订立了倒幕盟约。1866年6月，幕府发动第二次征长战争，由20多个藩组成的幕府军，从大岛口、艺州口、石州口、九州口四个方向围攻长州藩，史称“四境之战”。由于得到萨摩藩的暗中支持，长州藩最终赢得了这场战争的胜利，并由此揭开了武力倒幕的序幕。

1867年6月，坂本龙马与后藤象二郎提出建立国家新体制的《船中八策》。坂本龙马主张幕府把政权归还朝廷，建立以天皇为国家元首的朝幕藩三位一体体制；制定“无穷大典”宪法；起用人才；修改条约，整备陆海军等。在此基础上，后藤象二郎又对《船中八策》加以修改，提出了非暴力的“大政奉还论”。10月3日，后藤象二郎向老中板仓胜静呈交了《大政奉还意见书》，要求幕府将军主动将大政奉还给天皇朝廷，并建议在天皇之下设立一个由将军担任议长的“列侯会议”，以维系德川氏的统治实权。迫于形势的压力，1867年10月14日，末代将军德川庆喜向天皇呈交了《大政奉还上奏文》，奏文说："臣虽奉其职，至今日之形势，毕竟薄得之所致，惭俱不堪。何况当今外国之交际日盛，愈感朝权不出一途，则纲纪难立，故应改变从来之陋习，将政权奉归朝廷。广采天下公议，仰尊圣断，同心协力，共保皇国，必可与海外万国并立。"1867年12月9日，明治政府成立，宣布批准庆喜大政奉还和将军辞职，断然废除幕府，另设总裁、议定、参与组成的三职制政府。这样就彻底切断了幕府将军及其家臣的经济来源，为幕府势力所不容。1868年1月1日，德川庆喜发布《讨萨表》，下令"清君侧"，开始讨伐萨摩藩。1月2日，由老中松平正质为总督、若年寄冢原昌义为副总督，以法国武器装备起来的5000名幕府军和3000名会津藩兵、1500名桑名藩兵为主力，总兵力共1.5万人的幕府军离开大阪，进入京都西郊的淀城。当天夜晚，幕府军舰"开阳丸"、"蟠龙丸"攻击停泊在兵库近海的萨摩藩轮船"平运丸"，打响了倒幕战争的第一炮。在随后的战争中，虽然幕府军在人数上占有优势，但其内部编制庞杂，士气低落，武器装备相对落后。倒幕军人数虽少，但是在武器方面却相对先进，在1月27日的鸟羽之战、1月30日的伏见之战中取得决定性的胜利，战争的主动权也发生了根本的变化。1月31日，明治政府发布《庆喜追讨令》，指责庆喜为"大逆不道"的"朝敌"，号召天下共讨之。2月3日，明治天皇睦仁发布《亲征诏书》，命令诸藩出兵勤王，讨伐叛臣德川庆喜。2月9日组成了以川宫炽仁亲王为东征大总督，西乡隆盛、广泽真臣等为参谋的东征军指挥部，开始了直趋江户城的东征。同时也向山阴道、四国、九州等地派遣镇抚总督或追剿总督，迅速平定西南日本。4月11日，东征军进入江户，德川庆喜隐居水户，德川氏由庆喜的养子德川家达继承。至此，统治日本长达265年的德川幕府灭亡。

附：日本维新三志士

西乡隆盛

在日本维新的志士中，结局最不幸的是西乡隆盛。作为近代日本帝国的主要缔造者之一的西乡隆盛，竟然起兵对抗帝国的军队。而这种以卵击石的自杀行为，使西乡隆盛落得个切腹自尽、身首异处的下场。然而，西乡隆盛死后，其声名却比生前更为远扬。他的标准的武士道人格，甚至成为日本一代又一代人竞相崇尚的榜样，其名望远远超过维新志士中的高杉晋作、木户孝允、伊藤博文等人。虽然终西乡隆盛一生的事迹而言，其生平成就似乎反不及前三人，但从这个方面看，西乡隆盛又是幸运的。

西乡隆盛的传奇始于1858年与月照和尚的生死经历。月照和尚由于勤王活动而为幕府所不容，避难于萨摩藩，是西乡隆盛收留了他。1858年兴起了“安政大狱”，而萨摩藩也追究西乡隆盛和月照和尚。月照和尚不愿连累西乡隆盛，便伸头给西乡隆盛，表示宁死于自己人的手下。而西乡隆盛却从容不迫，与月照和尚泛舟于锦江湾，对饮高歌，最后两人相抱，一起跳海自尽。幸运的是西乡隆盛被救起，而月照和尚却被淹死了。西乡隆盛和月照和尚这段传奇故事广为传播。在中国维新变法失败后，谭嗣同宁可流血，不愿逃离，也表示了他自己愿做月照和尚，为变革而献身，并勉励梁启超等人要像西乡隆盛一样，成就维新的伟大事业。

1858年8月，萨摩藩藩主岛津齐彬突然去世，这为西乡隆盛的命运带来了转机。新任的藩主岛津久光是个“尊王攘夷”派，他解除了对西乡隆盛的流放，并调他到藩部任职。此后数年，西乡隆盛以才干成为萨摩藩最具实权的人物。1866年，在武士坂本龙马的调解下，萨摩藩代表西乡隆盛与长州藩代表木户孝允缔结萨长联盟。萨长结盟是日本维新史上最重要的事件之一。从此，以萨摩藩、长州藩为首的尊王派便有了足够的实力对抗幕府的力量。

1868年，讨幕战争爆发，名义上讨幕军的统领是川宫炽仁亲王，但其实际统领则是大总督西乡隆盛。在西乡隆盛的谋划下，讨幕军分兵四路，所向披靡，并于5月兵不血刃地占领了幕府的老巢——江户城。江户城的攻克并不意味着讨幕战争的结束，因为东北部亲幕的诸藩仍然手握重兵，不断对抗中央军。正当战争陷入胶着状态之时，西乡隆盛亲自返回老家鹿儿岛，调来了强大的援兵，并于当年10月扫平了东北战场。

西乡隆盛的人格有其伟大之处，如严格的武士道精神，视死如归，视富贵如浮云，视名利为粪土等。明治维新的诸多改革，如“废刀令”、“征兵令”等，逐渐蚕食了武士阶层的利益，武士作为一个阶层，已濒临土崩瓦解的边缘。西乡隆盛作为权倾朝野的人物，对下级武士深表同情，遂兴起了“征韩论”、“征台论”等观念，企图以征韩、征台为武士阶层谋得一席之地。由于遭到了强烈的反对，西乡隆盛愤而辞职，回到了萨摩藩。由于武士与政府之间的利益冲突已经到了水火不容的地步，所以，以鹿儿岛为中心的武士军队于1877年爆发了西南战争，西乡隆盛则被推到战争的前沿，成了武士军队的领袖。当年9月24日，西乡隆盛战败，切腹自杀。

然而，西乡隆盛的影响并未从此结束，西乡隆盛死后的第二年，他的铜像就巍峨地耸立于上野公园，这几乎是日本最著名的胜地之一。时至今日，仍有无数日本人崇拜他，并尊他为“庶民的英雄”。

维新派与艺妓

在三百多年艺妓的发展史上曾经出现过许多著名的艺妓，她们中的一些人更是对日本的历史进程产生过重要影响，享有“勤王艺妓”美誉的中西君尾便是其中的代表之一。

中西君尾出身于武士家庭，因父亲被仇人所杀而家道中落，不得不进入艺妓界，她经常在一个叫做“鱼品”的茶屋表演。当时，幕府势力和维新派在日本京都展开了激烈的竞争，两派人物经常以京都的声色场所作掩护，召开秘密会议。

很多维新派的骨干人物都是“鱼品”的常客，后来在明治政府中历任外务、大藏大臣的井上馨就是其中之一。井上馨与中西君尾一见钟情，两人感情迅速发展，难舍难分。不久，在京都负责追捕维新志士的幕府高官岛田左近也看上了中西君尾。在一般艺妓眼中，岛田左近有权有势，能够成为他的妻妾真是求之不得。但中西君尾却不为所动，拒绝了岛田左近的求婚。

当井上馨听说了岛田左近向中西君尾求婚的消息后，就派人找到中西君尾，要求中西君尾为维新大局考虑，接受岛田左近的求婚，借机刺探幕府的机密。中西君尾含泪答应了爱人的请求，嫁给了岛田左近，靠着岛田左近对她的宠爱，她套出了大量幕府情报。在她的帮助下，许多维新派志士得以逃脱幕府的追杀。后来，维新派武士根据她提供的情报，成功刺杀了岛田左近，除去了维新派的心腹大患，给幕府势力以沉重打击。

号称“维新三杰”之一的木户孝允（桂小五郎）也有一段和艺妓的生死恋情。木户孝允的妻子松子也是一位艺妓。1864年，幕府势力大肆搜捕维新派人士，木户孝允被迫扮成乞丐隐藏在一座桥下。每天，松子都要冒着生命危险来到桥上，然后将包有饭团的包裹装作无意中失落于桥下，送到木户孝允的手中。后来，松子又多次利用艺妓馆掩护丈夫，帮助他逃过了幕府的追杀，并成为后来推翻幕府统治的领袖之一。可以说，艺妓为日本的明治维新确实出了不少力，以至于后来有人戏称，如果没有艺妓，日本的历史恐怕就要重写了。

大久保利通

正所谓自古英雄出少年，而英雄人物的出现也需要时代的呼唤。日本在经历了“黑船事件”的威胁之后，便经济动荡，政治体制摇摇欲坠，百姓生活更是惨不忍睹。在国家面临列强冲击的情况下，大久保利通站了出来。

大久保利通出生在闻名日本的强势藩国萨摩藩的大久保，自幼接受了父亲渊博的历史知识的熏陶，培养了深邃的历史洞察力。大久保利通的爷爷是个精通洋学的医生，在当地名望很高。在这样的家庭里，大久保利通被称做“捧着百科书出生的人”。在萨摩藩，大久保家族虽是普通的下层武士家族，但是他自幼学到的知识和经验，足以使他在萨摩藩名声大震。16岁时，大久保利通就担任了藩记录所的助理，仕途生涯也由此开始了。

但是，伟大人物的命运总是充满了戏剧性的跌宕。1849年因藩主的继承人问题藩官分裂成了两派，分别是拥护侧室生的久光的一派和拥立正妻生的齐彬的一派，两派的相互对立震撼了整个藩政。最终，大久保利通的父亲因为支持齐彬派失势而被流放，大久保利通也受牵连而被免职。

伟人的伟大之处就在于他能在恶劣的环境下找出前进的道路。尽管命运多舛，大久保利通却没有放弃自己对朝政的热衷。他在被免职之后与西乡隆盛、小松带刀等人组成了“精忠帮”，私下讨论国家大事。不久，岛津齐彬重新夺得了藩主的地位，大久保利通也因此复职。同时，由于大久保利通对藩政改革有突出贡献，他也自此平步青云。

大久保利通除了能在逆境中不放弃外，还能做到能屈能伸。岛津齐彬死后，岛津久光继任藩主。所有人都为大久保利通捏了一把汗，毕竟大久保利通是岛津久光的死敌岛津齐彬的大臣。不过，大久保利通却自有办法。所谓“识时务者为俊杰”，大久保利通冒着被天下人称做“墙头草”的压力转而支持岛津久光。也正因为如此，大久保利通获得了岛津久光的信任，相继被任命为勘定方小头和小纳户，最终和小松带刀等人掌握了萨摩藩政大权，并获得进京过问中央政事的大好时机。大久保利通的政治才华也因此得到了淋漓尽致的发挥。

幸运的天平仿佛已经向大久保利通倾斜了。在庆应二年（1868）4月第二次征讨长洲藩时，萨摩藩拒绝出兵。为推进倒幕的工作，大久保利通和西乡隆盛一起在朝廷、幕府、诸藩之间进行各种活动。最后在“王政复古”的潮流中，大久保利通获得了新天皇政府的参与权。

随后，大久保利通被任命为大藏卿和内务卿，还随岩仓具视的考察团把欧美的先进经验引进到了日本，使日本逐渐摆脱了开国前期的阴影。大久保利通还努力推行“殖产兴业”这个明治维新的重要政策，并运用自己的政治洞察力，建立起了大久保利通政权。

后来，由于众多士族对大久保利通的明治维新方案不满，全国各地便陆续爆发了声势浩大的叛乱，但这些都被大久保利通一一平定。这些平乱举措，使明治维新顺风顺水地推行，日本也逐渐开明起来。在明治维新之后，大久保利通为了巩固维新的成果，大力主张削藩，以求解除地方对中央的威胁。于是在1869年到1871年间，新政府相继推出了“版籍奉还”和“废藩置县”两大政策，基本上铲除了封建诸侯割据势力。

大久保利通还是一个学习能力极强的人。在跟随岩仓具视第二次出访西方之后，大久保利通就充分挖掘了当时德国的优势之处，并把德国首相俾斯麦的智慧彻底融合到了日本国内，为日本日后的经济腾飞打下了坚实的制度基础。

大家都知道，俾斯麦是有名的“铁血首相”，为达目的不惜手段。而此时的大久保利通在学习了俾斯麦的政治手腕之后，权势心大大膨胀。于是，大久保利通以西乡隆盛出征朝鲜的计划为借口，凭借自己出色的组织能力和人缘，发动了日本历史上著名的“十月政变”，把西乡隆盛彻底轰出了朝廷。于是，以三条实美为太政大臣、岩仓具视为右大臣、大久保利通为内务卿的专制政治体制形成了。然而，这只是大久保利通铁血政治的开端。

在以后的统治中，由于大久保利通的革新方式比较激进，所以每当他发布改革方案时，朝廷保守派便会强烈反对。对“版籍奉还”、“废藩置县”一直耿耿于怀的岛津久光更是上书天皇，提出了14条建议，反对各项资产阶级改革，并建议撤掉大久保利通的职务。岛津久光的这个做法遭到了以大久保利通为首的改革派的强烈反击，最终，岛津久光被迫引退。

和岛津久光一样，许多官员都败于大久保利通手下。铁血的风度，使得大权在握的大久保利通看起来十分专横跋扈，气焰嚣张。于是，暗中反对大久保利通的人也就越来越多。这个趋势是大久保利通没有发觉的，也是大久保利通悲惨命运的伏笔。

当时，幕府刚刚被铲除，封建士族还沉迷于往昔的奢华生活中，而大久保利通的改革则正是打破封建士族白日梦的一声惊雷。西乡隆盛在士族的支持下，对朝廷发动西南战争，但在大久保利通的高压政策下仍以失败告终。与此同时，大久保利通镇压了众多农民起义和一切反政府的活动，并以《诽谤律》、《报纸条例》等压制自由民权运动，使得士族对这个近似“冷血”的宰相深恶痛绝。

终于，在明治十一年的清晨，大久保利通遭到岛田一郎等六名征韩党士族的袭击，当场死亡，年仅49岁。

但无论如何，大久保利通确实是日本明治维新的名片。能与名噪一时的西乡隆盛和木户孝允并称为“明治维新三杰”，也充分证明了大久保利通是明治维新当仁不让的先驱者。大家都知道“东方俾斯麦”是西方李鸿章的称号，但是又有多少人知道，大久保利通也自称“东方俾斯麦”呢？这并非大久保利通的自我吹捧，也不是大久保利通的过于自恋。纵观大久保利通跌宕起伏的人生，不难看出他与生俱来的政治敏锐度和形势洞察力。在时务迫使之下，大久保利通懂得如何保全自身并且趁机上位；在权势争夺之中，大久保利通不惜将早年的政治伙伴置之死地；在当权者易位之时，大久保利通能够及时转变立场并且博取新主信任。这些都说明，大久保利通是一个精于心计的时代奸雄。

其实，改革本身就是一场当权者的内部战争。大久保利通能在这样黑暗的斗争之中保持清醒的头脑，确实是不可多得的人才。我们可以在他遇难之前与山吉盛典的谈话中看出大久保利通敏锐的时势洞察力和独特的远见：

“维新以来已有十年岁月，内外事件频发。不肖利通担任内务卿以来未见政绩，实在不胜惭愧。现在是内外安定，此时正欲努力贯彻维新的盛意。要达到此目的，不得不以30年为期。假如将它分为三期，明治元年至十年为第一期，还是创业期。明治十一年至二十年为第二期，是最重要的时期，整顿内政、充实国力就在此时。利通虽然不肖，但欲排除万难完成此志。明治二十一年以后的十年为第三期，是守成时期，等待后进的优秀分子继承大业。”

无论古今，都讲究“有能者任之”，大久保利通能当上内务卿，也并非浪得虚名。三国时期的诸葛亮，不出卧龙而说出惊世骇俗的《隆中对》。谁敢说大久保利通没有诸葛亮的远见卓识呢？威尔斯曾评价“从未有一个民族像当年的日本那样昂首阔步”，应该说这一切都是大久保利通造就的。当时的日本，需要的正是为社会发展指明方向的火炬，而大久保利通就是这把熊熊燃烧的火炬。

可以说，日本开国后出现的奇迹，就是这个自称“东方俾斯麦”的铁血宰相一手创造的。虽说他的英年早逝让人多少有点遗憾，不过他所做的一切，足以让日本向欧美列强的野蛮干涉发出最铿锵的回音。

第三节　曲折的新政之路

德川幕府灭亡后，日本进入明治时代。在明治时代初期，明治政府公开提出的一些纲领并没有得到很好的实施，遇到挫折也是必然的。庆应三年十二月九日，明治政府下达了“王政复古”的重大号令，任命了总裁、议定和参与等职。这是明治政府成立后迈出的第一步。在以后实施的新政方针中，新政府将其总结归纳为五条并以天皇率群臣向天地神明起誓的形式，加以发布。其内容是：“广兴会议，万机决于公论”；“上下一心，盛行经论”；“文武一体，以至庶民，各遂其志，勿使人心倦怠”；“破旧有之陋习，基于天地之公道”；“求知识于世界，大力振兴皇基”。誓文所昭示的天皇亲政、公议众论、开国和亲、吸收西方文化等总纲领，是在幕末，经过15年艰苦奋斗而总结出的新日本的施政纲领，无疑是很合适日本的，问题是在今后采取怎样的具体措施，以实现这一纲领。明治元年闰四月，明治政府颁布了《政体书》，确立了中央政治组织。其要点是：一切权力集中到太政官，以防政令不统一；太政官负责司法，其他五官执掌行政，执行三权分立主义。议政官有上下二局，上局有议定（皇族、公卿、诸侯）和参与（公卿、诸侯、大夫、士、庶人）组成，下局由议长和议员组成，议员由府、县、藩选送的贡士担任。行政官掌管行政大权，下设辅相、办事二职；神祇官以下四官分掌各种行政事务，下面各设知官事、副知官事等。官吏任期为4年，通过公开选举的办法产生。地方上分为府、藩、县，府和县设知府事、知县事等职，藩仍就设诸侯。府和县都是过去幕府的直辖领地，经新政府没收后，作为政府的直辖领地。府、县、藩不得私授爵位、铸货币、雇佣外国人或和外国订立盟约等。这一政治组织的名称，虽然还带有日本古代的色彩，但其内容却是相当先进的，在尊重公议众论方面、打破门阀权限方面，显示出维新政府所能达到的高度进步性。

新政府在形式上主要实施了上述一系列新政，但是其社会基础除若干府、县外，大部分还维持原来的藩制，保留着封建关系。因此，新政就难免有极不稳定的状态，特别是当时担任新政府中坚的是各藩出身的下级武士，他们没有指挥各自藩按照新政的意图行事的力量，欲使新政府的基础巩固起来，就必须废除藩制，把他们的土地和人民收归政府。为此木户孝允征得藩主毛利敬亲的同意，大久保利通集中了萨摩藩内的意见，又联系土佐、肥前两藩，提出了奉还土地和人民的申请。这几个强藩所提的倡议，得到了其他藩的响应，纷纷上表奉还。到了6月，政府同意他们的申请，并向尚未上表的30个余藩发出命令，从此全国土地和人民才初次摆脱封建诸侯的控制。于是政府任命旧藩主为新的知藩事，掌管藩内行政。同时废除公卿、诸侯的称谓，改称华族。这些就是奉还版籍及其附属措施。由于知藩事和旧的藩主只是称谓上发生了变化，但究其本质，各藩还是没有太大的变化，可见明治维新的政策在落实上由于各藩仍旧是一方诸侯，导致其改变的仅仅是名称而已。当然这也不能说完全是形式上的，各藩主能主动地,改变名称，说明他们还是希望改革能够成功，幕府末年的尊王思想业已被常识化了。

奉还版籍，从形式上说，是废除了封建性，但从知藩事的关系上说，实质上仍不免有封建残余。明治四年七月，新政府下诏颁布“废藩置县”，罢免知藩事职务并召回东京。对所有府、县重新划分，全国共分为3府72县，遴选人才担任府知事、县令之职。封建制的废除，自此才名副其实地完成。废除封建制度，必然会带来人民身份、土地所有以及贡租的变更。改公卿、诸侯为华族，其臣属改称士族，这些在奉还版籍时，就确定下来了。以往的庶民、农、工、商，现在统称为平民，后来又废除了江户时贱民的名称，把这些人也都加入到了平民之中，这样就以华族、士族、平民三种身份代替了过去复杂的身份制度。过去，农、工、商没有姓氏，今后一般平民也准许有姓氏，并准许华族与平民联姻，所有人都具有迁徙和选择职业的自由，身份制度的实际束缚，也在很大程度上取消了。“四民平等”是维新政府重要的口号之一。维新本来并不是欧洲爆发的那种市民革命，而是确立一个由封建武士所领导的绝对主义政权，所谓“四民平等”也只能在这样一种身份制残余的基础上去实现。

所有经历过变革的国家一样，曲折的改革之路让日本逐步走向了富强。日本的改革之路和中国比起来顺利多了。大家不免有很多的疑问，同样是亚洲的封建国家，且同样遭受了西方殖民主义的侵略，日本为什么能如此之快地变革自己？明治维新的成功，起决定作用的不仅仅是日本的上层人物，还包括中下层武士和普通百姓。和日本一样，中国在改革时也有为之奔走呼号之人，他们振臂高呼向西方学习，可是最终的结果还是失败了。这主要是因为中国的权力是高度集中的，和日本相比，中国可以说是一个完全统一的国家，地方必须绝对服从中央，且军队也是皇帝一个人的军队。军队是决定成败的关键，古今如此，中国的皇帝更是重视对兵权的把持。日本改革成功的关键也在于此，藩主掌握着军队。其实在理论上日本算是一个松散的联邦国家，各藩的事还是藩主自己说了算，尤其是那些实力较强大的藩。所以幕府统治的末年，幕府推行的锁国令在日本是不可能完全实行的。当藩主们认识到西方的先进，尤其是武器上的先进的时候，他们与西方的接触是在所难免的。而中国就不一样了，一纸锁国令把整个国家锁得严严实实的，地方上的行政大员和军队是脱离的，没有了军队的支持，一切与政府相悖的行为都会被认为是叛国行为。这样，在改革的道路上，只是在认识西方的程度上中国就输了一截。当面对改革的时候，只要中央政府不愿意去做，改革就是一句空话。而日本却不同了，中央的政令不等于藩的政令，这个藩的政令不等于那个藩的政令，当大多数藩认为改革是唯一的出路的时候，这就说明日本的改革可以不受太大阻碍地进行了。

改革后的日本，地方各藩理论上是要归政于中央的，但是藩主的话语权在新政府也很有分量。这样的体制为以后政府的建立，尤其是官员的选拔，作好了准备。在各藩势力均衡的情况下，公平竞选的规则是很容易被执行的，这样有利于官员选拔的公正化，也有利于改革的顺利进行。改革的顺利进行又推动了官员选拔的公正化。两者互相依存，使明治维新得以顺利进行。

日本的明治维新是一场资本主义性质的政治改革运动，经过这次改革，资本主义在日本得到了发展。明治政府相对开明的政治环境加速了日本国内工商业的发展，使日本逐渐走向了现代化的道路。工商业的发展也使日本的一些藩主大名最终转变为资本主义商人，他们的转变不仅促进了日本封建残余势力的瓦解，对日本上层的改革也起了推动作用。思想上的开放，也使人们更多地接触到西方的民主制度，为日本政治的进一步改革作好了铺垫。

第四节　国家走向法制化

日本在进行维新变革之后，各项制度还不是很完善，尤其是政治制度方面，急需要组建适合自己国情的政府。1882年，日本天皇派伊藤博文远赴欧洲学习考察各国宪法。考察要点包括：欧洲君主立宪国宪法的渊源、沿革以及实施的现状，皇室的特权地位及权利，皇室及其财产的设置，内阁组织法及立法、行政、司法、外交各职能部门的权限，内阁责任法、内阁大臣与上下两院的关系，上下两院的构成、权限及相互关系，贵族院的制度特权等19项内容。1882年3月，伊藤博文率伊东巳代治、西园寺公望等前往欧洲，重点考察德国、奥地利等国的宪法制度。4月，伊藤博文在日本驻德公使青木周藏的陪同下，拜访柏林大学宪法学教授格耐斯特。随后，伊藤博文一行又来到维也纳大学，听取法学权威斯泰因教授讲解国家组织法以及英法德等国整体的沿革。8月，伊藤博文致信岩仓具视，汇报了研修的几点心得：（1）掌握了“巩固皇室之基础，使大权不致旁落的大诀窍”。（2）弄明白了天皇的地位和职能。

（3）确定了日本式君主立宪体制的要领，即“君权完整，巩固立法行政两立并行之组织，此乃真正之政体”。其真髓，即“君位驾于宪法之上”。1882年8月28日，伊藤博文拜会德国皇帝威廉一世，聆听其有关君主和政府抑制国会的看法。德皇关于“若让权与国会，即埋下了内乱的祸根”的叮嘱，进一步影响了伊藤博文的立宪观念。就在伊藤博文在欧洲构思立宪体制的同时，明治政府也在国内加紧充实、完善官僚机构，形成维护天皇制的重要屏障。1884年7月，明治政府发布《华族令》，设公、侯、伯、子、男等5等爵位，分别授给原幕府将军、公卿、大名等旧华族以及士族出身的官僚、将领、实业家等新华族。受封者皆享有爵位世袭、财产世袭及相应礼遇的权利；凡满30岁的公爵、侯爵均为贵族院议员，伯爵、子爵、男爵互选以担任贵族院议员。通过《华族令》的实行，明治政府将政治、经济、军事、文化等各领域的头面人物集聚成世代护卫天皇制的特权集团，构筑了维护天皇统治的防波堤。在此基础上，1885年12月废止太政官制，进一步强化藩阀体制。内阁设总理大臣和内务、外务、大藏、陆军、海军、司法、农商务、文部、递信等9省大臣，全体阁僚只对天皇负责。内阁制度的建立，突出了首相与天皇的隶属关系及其重要地位。首相奉旨办事，代天皇统阁僚，各守其位，充当天皇的手足耳目。内阁不仅是天皇意志的执行机构，也是捍卫天皇制的权力基石。为了使皇室超脱于政争之上，维持皇室成员尊贵的地位并保持其对政务最终的处理决定权，在改革内阁制时，明治政府贯彻了皇室与政府相区别的方针。为此，1885年12月，设置了不受内阁节制的宫中官，即内大臣。首任内大臣由前太政大臣三条实美担任，负责掌管天皇和国家的印玺，直接与天皇联系并参与国政。出于审议宪法和有利于天皇决策的考虑，1884年4月设置了枢密院。伊藤博文出任首届议长，枢密院顾问官则由开国元勋、维新功臣们担任。同月颁发《设立枢密院上谕》，强调枢密院为天皇的最高顾问机构。

在组建各类官僚机构的同时，宪法及相关法律的起草也在加紧进行。1884年3月，伊藤博文出任制宪取调局局长，聘请德国法学家卡尔·罗埃斯特尔和毛茨为顾问，指导井上毅草拟《宪法》、《皇室典范》，伊东巳代治草拟《议院法》，金子坚太郎草拟《众议院议员选举法》、《贵族院令》。1887年6月，伊藤博文与井上毅、伊东巳代治、金子坚太郎等在神奈川县夏岛的别墅中，完成宪法及相关法律的起草。1889年2月11日，即在纪念神武天皇登基的“纪元节”，举行了盛大的宪法颁布仪式。宪法的正式名称是《大日本帝国宪法》（也称《明治宪法》）。宪法共7章76条。第一章有关天皇的规定突显了天皇主权原则，为组建天皇总揽统治权的政治制度提供了法律依据。其内容为：日本帝国是由“万世一系”的天皇统治，皇位依据《皇室典范》的规定，由天皇男性子孙继承，天皇神圣不可侵犯，天皇乃国家元首，总揽统治权，并依据宪法条规行使之。第二章的宪法条文涉及臣民的权利与义务。其内容为：被称为“臣民”的日本国民均可被任用为文武官吏以及就任其他公职，负有服兵役、纳税的义务，在法律允许的范围内，享有居住、迁徙自由，言论、著作、出版、集会及结社自由，以及宗教信仰自由等权力，非法律规定，不得予以逮捕、监禁、审问及处罚，不得剥夺其法律所规定的官审判之权。第三章规定了帝国议会的构成及权限：议会由贵族院和众议院组成，贵族院依照《贵族院令》之规定，由皇族、华族及敕任议员组成，众议院按照《选举法》的规定，由公选的议员组成。第四章对国务大臣及枢密院顾问的权限作出了如下规定：各国务大臣辅弼天皇，履行其职责，枢密顾问依据枢密院官制规定，并应天皇咨询，审议重要国务。第五章对司法权限和司法程序作出了规定。司法权由法院以天皇的名义，并按照法律行使。第六章是有关国家财政的规定。第七章为补章，规定将来需要修改宪法款项时，据敕令提交帝国议会讨论，修改《皇室典范》需经帝国议会讨论，宪法及《皇室典范》在摄政期间不得变更，法律、规则、命令等不拘用何种名称，未与宪法相抵触者，均有一体遵行之效力。上述章节以天皇总揽统治权为原则，并将护卫天皇制的各种官僚机构法律化，从而以法律的形式确立了近代天皇制。

《明治宪法》毕竟是近代亚洲国家颁布的第一部宪法，它部分采纳了自由民权运动的要求，规定了臣民的权利和义务，采用了近代君主立宪制度。**较之领主主宰权力，领民不知权利、义务为何物的幕府制度，明治宪法体制已将维新的政治成果法制化，具有相对的历史进步性。从日本议会民主发展的过程来看，**

明治宪法体制是日本不可缺少的历史过渡。一个封建专制长达千余年的东北亚国家，要建立议会民主体制不可能一蹴而就。《明治宪法》尽管存在着种种历史局限性，但毕竟建立了法制体制。《明治宪法》的制定是日本议会民主化进程中的一个重要环节。经过21年的改革历程，明治维新以确立近代天皇制而告结束。

第五节 资本主义的全灌输

随着外国侵略者的日益逼近，明治政府正遭遇着亡国灭种的危机。如何摆脱落后贫穷的现状，如何争得民族的独立，如何进一步成为亚洲的强国，如何成就大和民族称霸世界的野心，是明治政府需要考虑的问题。为了建立一个强大的国家，为了把落后的、弱小的日本建设成一个拥有强大的军事力量和经济力量的资本主义强国，明治政府的元老们提出了向西方学习的伟大计划。

为了向西方学习，他们决定派一个庞大的使节团，去美国和欧洲各国进行考察。这个使节团由全权大使岩仓具视率领，伊藤博文则为全权副使。该使节团的使命是与欧美各国谈判并修改条约，还要对各国的政治、经济、军事和文化教育等等进行全面的考察，以作为日本建设的参考。使节团在1871年11月启程，到1873年9月前分批回国。在考察期间，考察团成员不断地给国内写信，随时介绍考察的情况，以便国内及时地学习到西方先进的经验。明治元老们就是参照这些考察报告进行近代化建设的。为了建设日本，他们提出“殖产兴业”、“文明开化”和“富国强兵”三大政策，并以其作为建国的重要指导方针。

“殖产兴业”是指明治政府运用国家政权的力量，以各种政策为杠杆，用国库的资金来加速资本的原始积累，并以国营军工企业为主导，按照西方的样板，大力扶植日本资本主义的成长，以期尽快地赶上欧美资本主义工业强国。

西方的资本主义强国在发展之初特别重视资本的积累。对于处于资本主义起步阶段的日本来说，资本的原始积累是发展经济的重大难题，也是日本进行产业革命必需的前提条件。和西方众多国家一，明治政府对原始资本的积累样是从土地入手的。

首先，政府进行了土地改革和地税改革。这是日本资本原始积累的基础和根本方式。1871年，明治政府允许农民自由地种植农作物。1872年，政府解除禁令，允许土地自由买卖，并确定了土地私有权，颁发了执照，允许人民自由地选择职业，自由地迁移。土地改革还推动了地税改革的进行：1873年政府颁布的《地税改革条例》就规定此后地税一律向土地所有者征收；地税税额为地价的3%，丰年不增，荒年不减；地税不分水田、旱田一律缴纳货币。1884年3月，政府又颁布了新地税条例，规定地税为地价的2.5%，法定地价不变，往后地价仍不变动。

土地改革和地税改革的进行给日本造成了巨大影响。（1）它把农民从封建领主的剥削下解放了出来，使农民有了人身和土地买卖的自由，而地税的货币化又把农民卷入了商品经济的洪流，进而促使其迅速分化。大批破产的农民流入城市，这样就为资本主义发展提供了大批的自由劳动力。因为在改革过程中政府通过法令将强制拍卖和典押的土地合法化，所以，大批农民失去土地，新地税的实行也在许多方面加重了农民负担，地税和村税合计占每亩水田收入的比例节节上升。这些盘剥、掠夺使中下层农民迅速没落，仅1883年到1886年3年就有20多万户农民因交不起地税而拍卖、抵押土地。可见，这项改革人为地造成了农村人口的过剩，迫使许多农民成为了雇佣劳动者。（2）改革的进行起到了增加和稳定政府收入的作用。此后，地税收入成为国家财政收入的主要来源，也正是靠这些收入才使政府得以为产业革命的进行创造各种条件。（3）改革的进行影响了产业工人的工资收入。当时的工资是按照农村短工的收入制定的。

其次，取消封建俸禄制，实行赎买政策，也是日本资本原始积累的重要手段。明治初年，为了加强中央集权，废除封建领地和封建特权，日本采取了土地的赎买政策。实行“奉还版籍”、“废藩置县”之后，由中央政府支付给藩侯和武士的封建俸禄，使本来就日益严重的财政问题更是雪上加霜。但这些问题如果处理不好，又会产生恶劣的影响，造成政局动荡。所以，政府对此十分慎重。考虑到财政问题，日本政府于1873年宣布士族奉还俸禄，凡俸还者，政府发给其产业资金。到了1876年，政府颁布了用金禄公债代替俸禄的法令，规定由政府一次性发给华族和士族公债券，公债券领有者每年可支取5%~7%的利息。明治政府当时共发行了17400多万元公债券，公债券领有者达31300多人。政府虽然每年仍要支付公债利息1100多万日元，占政府收入的6%，但这项政策的实行却大大缓解了国家财政困难。更重要的是这项政策一举废除了在日本沿袭数百年之久的封建家禄制度，使武士阶层彻底灭亡了。由于一些藩侯和公卿在领有公债券后，以此为资本投资兴办银行、铁路和纺织企业，他们随即变成了新兴的资产阶级，这样既培植了资本主义社会的阶级基础，又为资本主义发展积累了必需的资本。

再次，发动对外的掠夺和侵略战争，这是日本扩大资本原始积累和销售市场的重要途径和手段。土地和地税改革的影响之一是促使农民分化的加剧，一方面是地主阶级实力的壮大，另一方面则是农民生活的极度贫困。当时，平均一个农户拥有不足一町步（0.9 公顷）的土地，年收入不足50日元，购买力极低，基本无法维持正常的生活。为了生存，广大农民不得不进行反抗，并积极参加自由民权运动。农民的斗争说明国家再靠掠夺农民进行资本原始积累已不可能，再加上日本的农业原料及资源本来就相当匮乏，日本政府的眼睛开始瞄上对外扩张与侵略。正是基于本国的实际条件，日本发动了一系列对外侵略战争。1874年，日本发动了侵略中国台湾的战争，讹诈中国50万两白银；1876年，又强迫朝鲜签订了不平等的《江华条约》，取得单方面的治外法权和领事裁判权；1879年，吞并琉球并改名为冲绳县；1894年到1895年，通过中日甲午战争从中国获得了2亿两白银的赔款和3000万两白银的“赎辽补偿费”，并把台湾、澎湖列岛及朝鲜纳于自己的势力范围；1904年到1905年，通过日俄战争获得了巨额赔款和大片殖民地。对外掠夺和侵略战争的多次胜利，一方面壮大了日本的资金力量，扩大了日本工业的原料来源和市场，使政府能为私人企业提供更优惠的服务；另一方面，日本政府利用战争赔款增加了黄金储备从而建立了金本位制，将日本货币纳入了国际货币金融体系，使日本得以大量引进外资。

最后，日本实行了“殖产兴业”政策，即扶植和保护“政商”，廉价处理国营企业，这是日本资本原始积累的一项重要措施。明治政府在推行“殖产兴业”的过程中，从国库中拿出巨额资金投资创办了近代国营企业，希望由国家资本带头实现资本主义工业化。这一举措实质上是国家强制进行的资本原始积累。由德川幕府时期的巨商大贾发展而来的特权商人，著名的有三菱、三井等，由于他们都在倒幕运动中立了功而与政府关系密切，所以在经商、创办企业等方面得到了政府更多的扶植和保护。明治政府对政商的扶植除政治保护、税收政策优惠及经营专利外，还把一批国营企业廉价地转让给他们。如三菱仅以官办投资额的1/7就购买了长崎造船厂；川崎则以相当于官办投资额的1/10购买了兵库造船厂。日本正是通过以上诸多政策扶植了一批民间私人企业，也造就了一批有卓越才能的企业家，从而确立了日本进行资本主义工业化的根本方向。

1870年12月日本成立工部省，以其作为全面负责推行“殖产兴业”政策的领导机关。工部省首先接管了幕府和各藩经营的矿山和工场，创办了官营企业，然后又引进西方先进的生产技术和设备，并兴建了铁路。1873年11月又成立内务省，与工部省配合，共同推行“殖产兴业”政策。内务省利用国家资金，创办了千住呢绒厂、新町纺纱厂和爱知纺纱厂等近代化的“模范工厂”。其目的是让它们起示范作用，以推动私人资本主义工业的发展。为了加速工业化的进程，日本政府在1880年又发布了“官业下放令”，把官营企业转让给与政府有密切联系的、享有特权的大资本家。这标志着日本的“殖产兴业”政策的根本性转变，它放弃了以国营企业为主导的资本主义工业化方针，转而实行大力扶持和保护私人资本主义的方针。由于政府的大力扶持和保护，从19世纪80年代中期起，日本出现了早期工业革命的热潮。工业革命席卷了一切工业部门，以纺织业为重点的轻工业发展得特别迅速。在1885~1890年的短时期内，棉纺厂就从20个增加到30个，纱锭也从7万个增至28万个，棉纱的产量也增加约8倍。到1890年，日本已从棉纺织品进口国成为一个棉纱出口国。

“文明开化”是明治政府在19世纪七八十年代推行的文化运动，旨在学习西方资本主义国家的教育、文化、科学以及生活方式等，并以此来改造日本的封建文化，建立资本主义的精神文明。而在整个文明的开化运动中，教育改革占有极其重要的地位。为了培养资本主义新国家所需要的政治家、科技人才、工人和军人，新政府取消了一直以来以儒学为中心的封建教育，转而向西方国家学习，建立了包括小学教育、中学教育、实业教育和高等教育的近代学校体系，并极力在全民范围内普及初等教育。在政府的文明开化政策的影响下，一些洋学家和思想教育界名流在明治六年（1873年）成立了研究和传播西方民主思想的学术团体——“明六社”，并创办了机关刊物《明六杂志》。这一学术团体积极宣传改革思想，提倡自由主义、欧化主义，对日本人进行了全面的启蒙教育。明治政府还实行了一系列具体措施，如“改历”、“易服”、“剪发”等，并希望通过这些措施来改变中世纪的风俗习惯，向日本人倡导西方的生活方式。

明治政府所采用的三大政策都是互相联系的。在维新元老们的心目中，“富国强兵”是最高目的，而“殖产兴业”和“文明开化”只不过是中间手段而已。在“富国强兵”政策中，具有重要意义的是取消旧的军制转而建立新的军制。提出改革军制的是山县有朋，他认为改革军制的目的就是“内以镇压草贼，外足以伸张对峙之势力”。可见，“富国强兵”不但可以用来抵抗外来侵略，更是统治阶级镇压人民的工具。

军制改革的主要内容便是模仿西方，实行征兵制，从而建立新式的常备军。日本于1872年颁布了《征兵诏书》，于1873年颁布了《征兵令》，标志着日本建设新军的开始。实际上，实行征兵制是军制上的革命，主要措施是取消封建武士军队，剥夺武士垄断军队的权利，从民众中征兵，建立资产阶级军队。在建立新式军队的同时，解散了在维新初期改编的旧式军队。然而，征兵制也存在着不平等的因素，例如官吏和专门学校的学生可以免除服兵役，而且富人只要缴纳代役费270元，也可以免除兵役。

新式军队被称为“皇军”，政府向军人灌输了忠于天皇的封建思想。颁布于1878年的《军人训诫》要求军人把天皇当做“神”来崇拜，并把“武士道”精神作为军人的行为准则。“武士道”精神是纯粹的封建性的东西，其主要内容是：“忠君”、

“绝对服从”、“不怕死”以及“野蛮的侵略”思想。

“富国强兵”政策的实行，使日本在明治维新后不久就走上了疯狂地对外侵略的道路。资本主义和资产阶级是社会形态更替的前提条件，而明治维新是在这种条件还没有成熟的情况下，由于受到西方资本主义国家的外部压力，以及为了克服沦为半殖民地的危机而提早发起的资产阶级革命，所以，明治维新同时肩负着民主革命和民族革命的双重任务。在国内，它的主要任务是摧毁德川幕府的封建专制统治，消灭封建领主的土地所有制以及在此基础上形成的封建割据状态，实现国家的统一，使国家迅速地走上资本主义的发展道路。在国际上，它的主要任务是摆脱西方资本主义国家强加给日本的一系列不平等条约及殖民枷锁的束缚，摆脱沦为半殖民地的危机，尽力维护国家和民族的独立。

第六节 野心与霸权

16世纪至17世纪以来，随着新航路的开辟，西欧许多国家纷纷张帆远航，向海外扩张势力。在这种时代背景下，仍然处于封建落后状态的东北亚国际体系，不可避免地受到了来自西欧国家以“西学东渐”为主要特色的第一次冲击。因西欧各国国情的不同，对东北亚国际体系冲击的方式各有侧重，葡萄牙、西班牙两国兼顾拓展天主教传教空间与构筑殖民据点，英国、荷兰两个新教国家主要是结交这些国家中的上层人物而无意传教，并伺机占据岛屿，如荷兰占据中国台湾。但追逐利润，是四国共同的目标。17世纪初期，西欧国家与东北亚国家综合国力相差不大，其核心殖民点又往往远离东北亚，受当时交通运输能力的限制，对东北亚国家的侵略鞭长莫及。因此，中、日两国的封建统治者毫不畏惧这些远来者，纷纷采取果断行动，以禁海锁国政策有效地阻遏了来自欧洲的冲击，并将西学御用化，继续维持传统国际关系体制。到18世纪中后期，工业革命席卷欧美大陆，东西方国家综合国力的对比发生了根本性的逆转。工业革命使西欧国家大批量地生产出了廉价的商品，也铸造了强制对手在不平等条约上签字画押的巨舰重炮。随着蒸汽轮船、火车等新型交通工具的普遍使用，大海和荒原不再是难以逾越的障碍。世界日益变小，各国间的联系骤然密切。市场广阔、物产丰富且游离于资本主义世界市场之外的东北亚，失去了天然的国防屏障，成为欧美列强获取丰厚贸易利润的希望之乡和争夺世界霸权的战略要地。为了加快开拓资本主义世界市场，最终完成资本主义世界市场的整体布局，19世纪40年代以来，欧美列强采用炮舰政策对东北亚国家发起以“西力东渐”为特征的第二次冲击。面对欧美列强的冲击，洞察变局并制定相应的对策，成为摆在东北亚国家面前的历史课题。日本明治政府在这样的情况下选择了更新观念，确立了发展资本主义的基本国策。明治维新的成功也使日本树立了在东亚称霸的信心，长期以来中国独霸一方的格局就此被改变。

琉球王国自洪武五年（1372年）起，向明朝纳贡称臣。1606年日本萨摩藩主岛津家久出兵入侵琉球，试图强制琉球王中断与中国的宗属关系，遇挫未果。1871年12月，琉球国船民因海风漂流到台湾，其中54人被台湾土著（即“原住民”）杀害，剩下的由清政府护送回国。当时的琉球是清朝的附属国，对此事并未提出异议，事件就此平息。日本政府也对此事完全不知情。第二年日本使者到中国换约，从清政府的邸报中看到此事，于是一面向本国政府报告，一面到清朝总理衙门交涉，探听清政府对琉球和台湾的态度。总理衙门回答说：“二岛（指琉球、台湾）俱我属土，属土之人相杀，裁决固在于我。何预贵国事，而烦为过问？”这个回答本来很好，但总理衙门偏又画蛇添足地说："杀人者皆属生番，姑且置之化外，未便穷治。"这样就让日本抓住个把柄。日本拿"化外"两字大做文章，说台湾土著的居住地不是中国领土，并以此为借口进攻台湾。1874年2月，日军便在台湾琅峤登陆，开始了对台湾的进攻。对于日本来说，这次行动相当冒险，不仅因为当时中日国力悬殊，而且国际舆论也不支持日本此举。至当年8月，日军增至3600人，但仍然进攻不利，由于天气炎热，疾病滋生，导致了日军士气低落。当时，日本意识到胜算太小，就派了公使大久保利通抵达北京，争取体面地结束战争。当年9月，日本公使来华，先是虚声恫吓，后来又表明了结束战争的所谓"诚意"，他说明了日本出兵台湾费尽财力，并指出中国不能让日本军队空手而归，应当支付一些军费，而后日本才会撤兵，这样双方面子上都过得去。清政府则觉得自己在战争中处于优势，以赔钱来结束战争说不过去，而又不想为"化外生番"费太多精力，也想尽快地了结此事。于是，清政府表示对在台湾"被害之人"酌情给予"抚恤"，这就等于承认了赔款。当年10月31日签订的《北京专约》中，"琉球人遇害"被写成了"日本国民遇害"，日军进攻台湾则被写成了"保民义举"，中国以所谓"抚恤"的名义，赔偿白银50万两。《北京专约》为后来日本兼并琉球提供了有力的根据。1879年4月，日本占领琉球，改其名为冲绳县。摆弄完台湾后，野心勃勃的日本又把矛头指向了朝鲜。当时的朝鲜仍处于闭关自守的封建王朝控制下，生产力落后，国内政局不稳定，只是靠清王朝的援助勉强维持。明治维新后，日本开始加强发展在朝鲜的势力，并通过各种外交手段，力争使朝鲜摆脱清政府的控制，而成为“独立国”。但由于没有足够的实力作后盾，日本的外交努力并不太成功。1882年，朝鲜爆发了“壬午兵变”，日本则借机出兵朝鲜，迫使朝鲜政府同意日本军驻扎于朝鲜。1884年，日本趁中国忙于中法战争之际，鼓动驻朝公使竹添发动了亲日的“开化党”政变，仅在12月4日一夜间就推翻了保守派的政权。次日，朝鲜国王下诏革新政治，建立了开化党政府。保守派连忙请求中国军队支援，于是，清政府就以保护朝鲜政府为名，派2000精兵讨伐乱党，于12月6日攻入朝鲜王宫。竹添寡不敌众，遂焚烧了使馆，连夜逃走了。动乱中开化党的首相、大臣及三十多名日本人被杀。日本政府接到竹添的急报后，立即派外务大臣率领大批军队进入朝鲜，清政府同样也派了钦差大臣带领陆军和军舰到达朝鲜。在双方的对峙中，日本明显感到军事准备不足，因此放弃了军事行动，转而运用外交手段。当时，日本国内有不少人主张趁中法战争之机迅速发动对华战争，但是，以伊藤博文为首的一派人，考虑到日本国力，特别是军事力量的不足，不想贸然与中国开战。他们主张“速节冗费，多建铁路，赶添海军”，并希望以此积蓄力量。1885年春，伊藤博文作为日本特派全权大使，到中国与清政府就朝鲜问题进行谈判。在整个谈判过程中，伊藤博文每每以回国来要挟清廷，终于李鸿章大怒道：“朝鲜事，中国并未办错，其错处全在竹添；若因此决裂，我惟预备打仗耳！”虽然如此，在纠缠多日后签订的《天津条约》中，日本仍然取得了向朝鲜派兵的权利。条约签订之后，清政府则任袁世凯总领朝鲜事务，并督促他加紧对朝鲜的控制。就在此时，日本加强了对朝鲜的经济渗透，并且加紧扩军备战。这以后的九年，中日关系表面上风浪不兴，但两国形势却正在悄然改变……日本一直关注着中国。1880年，日本参谋部部长山县有朋向明治天皇进呈了中国军队调查报告。这一报告指出，清政府正在进行军制改革，如果仿效欧洲，则清朝平时可征兵425万，战时征兵则可达到850万人。所以他认为“邻邦之兵备愈强，则本邦之兵备亦更不可懈”。自1890年起，日本拿出国家财政收入的60%来发展海军、陆军。1893年后，明治天皇则决定每年从自己的宫廷经费中拨出30万元，并从文武百官的薪金中抽出1/10，以此来补充造船费用。此时的日本，举国上下都士气高昂，皆以赶超中国为奋斗目标，并积极准备进行一场以“国运相赌”的战争。1890年时，北洋海军中2000吨位以上的战舰有7艘，总计27000多吨；而日本海军2000吨位以上的战舰仅有5艘，共17000千多吨。到了1892年，日本就提前完成了自1885年以来的十年扩军计划。而到了甲午战争前夕，日本已经建立了一支拥有63000名常备兵、23万预备兵的陆军，和排水量达72000吨的海军，这远远超过了北洋舰队。而此时的清政府，看到了洋务运动的一些成就，不免有些飘飘然。同时，在与西方各国打交道的过程中，清廷意识到西方人无意吞并中国领土，只是想在贸易上占点便宜，于是就更加放松了军备意识。北洋海军自1888年正式建军后，就再也没有添置过任何舰只。与日本新添的战舰相比，渐渐老化的北洋舰艇表现出明显的火力弱以及行动迟缓的缺点。1891年后，北洋舰队甚至停止了枪炮弹药的购买。原因是购买弹药的钱被慈禧太后拿去修颐和园了。慈禧太后冠冕堂皇地说："光绪帝1875年登基时年幼，我不得不垂帘听政，到1886年改为'训政'，1889年'归政'。我什么都不过问了，修修花园养老还不行么？"慈禧太后与明治天皇相比，何等迂腐！1894年春，朝鲜爆发东学党农民起义，朝鲜政府于是请求清政府派兵镇压。同时，日本政府也诱使清政府派兵，以此来为自己出兵朝鲜制造借口。清政府接到朝鲜政府的请求后，派直隶提督叶志超、太原镇总兵聂士成率淮军2500百人分批赴朝，驻扎在牙山，并通知驻日公使汪凤藻，令其根据1885年中日签订的《天津条约》（又称《中日天津会议专条》或《朝鲜撤兵条约》），照会日本外务省。当时，日本内阁见自己的阴谋得逞，就一面派兵进驻朝鲜，占据汉城附近的战略要地，一面则设立由参谋总长、参谋次长、陆军大臣、海军军令部长等组成的大本营，以此作为指挥侵略战争的最高领导机关。当时，日本外务大臣陆奥宗光曾训令驻朝公使大鸟圭介"得施行认为适当之临机处分"，即授权大鸟圭介挑起事端，发动侵略战争。实际上，当中日两国向朝鲜出兵时，朝鲜政府已接受东学党起义军的要求，而且双方签订了休战和约，起义军已退出全州。朝鲜内战其实已经停止，清军也并未与东学党起义军交战。为了消除日本出兵的借口，朝鲜政府于6月13日请求中国撤兵。叶志超部准备定期从牙山回国，清政府同时要求日本撤兵。日本虽然失去了出兵朝鲜的借口，但是仍然决心扩大事端，以此来促使中日关系破裂。日本不仅拒绝撤兵，反而继续向朝鲜增派军队，还提出了所谓的共同“改革”朝鲜内政的方案，以期达到既赖在朝鲜不走又拖住中国军队的双重目的。7月12日，陆奥宗光电令大鸟圭介：“目前有采取断然处置之必要”，“不妨利用任何借口，立即开始实际行动”。大鸟圭介接到训令后，于19日和20日接连提出强硬要求，强迫朝鲜政府废除中朝通商条约，并驱逐中国军队出境；23日，日军攻占朝鲜王宫，拘禁了国王李熙，并成立了以大院君李昰应为首的傀儡政府；25日，大鸟圭介命令大院君宣布废除中朝两国间的一切商约，并“授权”日军驱逐驻扎于牙山的清军。当天，日本不宣而战，在丰岛海面对中国海军发起了突然袭击，击沉了中国运兵船“高升”号。同时，日本陆军向驻扎于牙山的中国军队发起进攻，并最终挑起了这场侵略战争。8月1日，中日政府同时宣战，中日甲午战争就此开始。由于日本在武器上的先进性以及中国海军装备的整体落后，中国最终输掉了这场战争，致使中国最终被迫和日本签订了《马关条约》。《马关条约》的签订使日本得到了巨额赔款和台湾等战略要地，不仅促进了本国资本主义的进一步发展，而且便利了日本对远东地区的进一步侵略，使日本一跃成为亚洲唯一的新兴资本主义强国。

中日甲午战争爆发后，与日本海陆两军节节胜利相呼应，日本朝野上下大肆叫嚣占领朝鲜，占据辽东。日本人急于实现侵略目标的欲望，已暴露无遗。陆军部认为，辽东半岛“抚朝鲜之背后，扼北京之咽喉，为国家未来之长计，务必领有之”。驻英公使青木周藏说：“割取盛京省及吉林省未与俄国接壤之大部地区，以及直隶省之一部分，在清韩两国间设置总计5000平方公里之中间地带，作为我国将来在亚细亚独擅霸权之军事基地。”农商务大臣后藤象二郎说，日本应趁战争之机“（一）占领满洲三省以打开向亚洲大陆开拓领地之端绪。（二）控制朝鲜政权并促成朝鲜内政改革，使朝鲜独立。（三）为对抗俄国西伯利亚铁路之压力，应开通釜山经义州到大连的朝鲜纵贯铁路，以及由大连经奉天、吉林达黑龙江的铁路。（四）必须以实现上述各项政策为前提，迫使清廷签订城下之盟”。民间自由党人则主张割取“吉林、盛京、黑龙江三省及台湾”。学者福泽谕吉指出：“使旅顺成为东亚的直布罗陀以控制海上全权，是日本军人之天职；使东京成为远东之伦敦，而金州大连湾成为日本所领有的华北香港，乃我日本绅商之任务也。”这些要求和舆论完全与日本政府的决策相吻合，进而成为《马关条约》主要内容的思想基础。

控制朝鲜、割取辽东半岛，是日本自幕府末期以来酝酿已久的领土欲、占有欲的最大满足，是推行“大陆政策”的新起点。这种突破性的发展，不仅对正在远东角逐的其他国家构成严重威胁，而且也破坏了远东国际均势。在列强中反应最强烈的则是早已觊觎辽东和朝鲜战略要地的俄国。俄国不仅垂涎旅顺和大连的不冻港，而且企图领有“满洲”和朝鲜。当日军占据辽东时，俄国外相就曾指出：“若日本一旦于辽东半岛据有良好军港，其势力将不受限于半岛之内；将来朝鲜全国及整个满洲北部丰饶之地区，将因日本众多殖民之移入，最后成为日本版图，且危及俄国的海陆领土。”俄国对日本割据辽东半岛和控制朝鲜难以忍受，随即于《马关条约》签订后的第六天，即1895年4月23日，联合德、法两国共同干涉，劝告日本放弃辽东半岛，以避免：（1）朝鲜之独立徒具虚名；（2）有碍欧洲各国商业之利益；（3）危及清国帝都北京；（4）危及东洋和平。日本无力对付三国干涉，决定放弃辽东半岛，并于1895年11月8日与中国签订中日《辽南条约》，中国以3000万两库平银赎回辽东半岛。

俄国因干涉有功，清政府将其视为亲善邻邦。1896年，李鸿章与俄国签订了《中俄密约》，除规定中俄对日军事同盟外，更允许俄国修筑东清铁路。1898年3月，俄国借口德国占据胶州湾，强租旅大和修筑东清铁路支线。不仅如此，俄国又插足朝鲜，危及日本在朝鲜的优越地位。1895年9月，日本驻朝鲜公使三浦梧楼，阴谋推翻闵党政权，并拥立大院君组织亲日政府。同年10月8日，又指使日军守备队夜闯王宫杀害闵妃。1896年2月10日，俄使韦贝招俄军陆战队百余名官兵进入汉城，韩王及世子于当夜由王宫出走，投奔俄国使馆，同时命令捕杀亲日派阁臣金宏集、郑秉夏、鱼允中等。此后，韩王及其政府留居俄使馆达1年之久，成为俄国卵翼下的傀儡政府。这危及了日本在朝鲜的特殊权益。正如后任驻朝鲜公使加藤增雄所说："由于战后之余势及内政改革之余波，帝国人民之来往（朝鲜）者虽不少，然上自国王下逮庶民，朝鲜官民上下皆迷于排日热潮，且以国仇视之。故内地行商者所到之处常为暴徒所杀伤，其在港市者亦常遭受迫害；凡帝国人民之言动，均以猜疑及不悦待之。是故权利之扩张，愚唯维持势力范围已不及。加之10月8日，王妃被杀事件以来，来韩诸外人对帝国人民均有不悦之感，反之对俄国则以保护韩王之名歌颂之……”

俄国干涉还辽进而占据辽东，日本对其已恨之入骨，并决意报复。及至俄国又插足朝鲜，直接威胁日本的优越地位，更使日本深恶痛绝。于是日本卧薪尝胆、积极备战，伺机与俄国决一雌雄。1903年7月28日，日本外相小村寿太郎电令驻俄公使栗野慎一郎，向俄国政府提议进行谈判，俄国表示同意。8月12日，栗野向俄国政府提出如下条件作为谈判基础：“第一条，互相尊重中韩两国之独立与领土完整，并保持各国在该二国商工业之机会均等。第二条，俄国承认日本在韩国有优越利益，日本承认俄国于满洲铁路有特殊利益，并因保护第一条所包含之利益为必要之措置。至日本于韩国，俄国于满洲，各自所得之利益互相承认。第三条，两国互相限制，不违背第一条，以期不碍日本于韩国，俄国于满洲商工业之活动与发达，又将来韩境铁道延至满洲南部，与中东铁路及营榆铁路相接，不得阻挠。第四条，又保护第二条所载利益，或为镇定叛乱起见，日本可派兵至韩国，俄国可派兵至满洲，然必万不得已时始可派兵。至所派军队，无论在何处，不可过于实际所需用之数，事竣既可撤回。第五条，凡助韩国改良政体及军务必要之举动，尽数日本之专权，俄国宜予承认。”上述条件集中到一点，就是日本要求俄国承认日本在“满洲”已享有的各种特权和未来可能取得的权益，特别是日本在朝鲜独有的特殊的政治、军事和经济地位。但由于俄国的反对，虽经多次谈判但毫无结果。通过谈判不能实现既定的侵略目标是日本意料中的事。随着日俄间的关系日益恶化，为了侵吞朝鲜和从俄国手中夺回辽东半岛并进一步扩大在“满洲”的势力，日本政府决心对俄开战。1904年2月8日日军不宣而战，派军偷袭旅顺口，日俄战争爆发。1905年9月1日，日俄两国签署休战议定书。日俄战争以日本的胜利告终。1905年9月5日，日俄两国签订了《朴茨茅斯条约》，其主要内容除俄国承认日本对朝鲜的指导、保护监理权利（第二条）、双方自满洲撤兵的规定（第三条）外，对有关“满洲”的事宜有如下规定：“第四条，日俄两国为发展清国满洲之商工业，当各国采取共同一致之措施时，彼此不予阻碍。第五条，俄国将旅顺、大连及其附近领土、领水租借权让与日本。第六条，俄国将长春至旅顺的铁路及其支线，附属炭矿权让与日本。第七条，日俄两国将各自在满洲的铁路完全限于商工业目的之经营且彼此绝不以军略为目的之经营。”《朴茨茅斯条约》的上述内容，表明了日俄战争的结果，达到了甲午战争欲达到而未曾达到的目的：朝鲜终于被日本所控制；辽东半岛到底为日本所占有。日俄战争完成了中日甲午战争未尽的侵略目标。日本对朝鲜的吞并也刺激了日本称霸亚洲的野心。在第一次世界大战后，日本终于依靠战争积累起来的军事力量让世界列强对它作出了认可。但是日本并不满足于所拥有的地位，军国主义扩张并没有结束，日本的对外扩张最终把自己推向了“二战”的“深渊”。

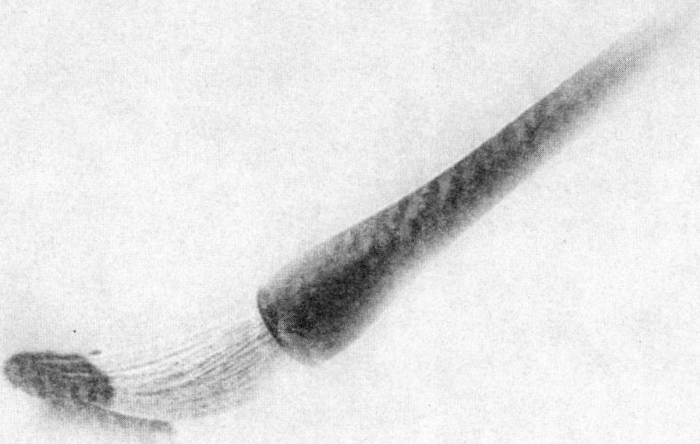

第三章

日暮下的东方旧土

第一节 惊涛骇浪中的帝国

公元1616年，这是国际也是当时西方的纪元方法，我们统称为西历。就在这一年，在古老的东方大地上，一个封建王朝即将走到尽头。也就是在这一年，一个新兴的政权被建立了起来，不过相对于那个汉族人建立的强大的王朝来说，当时它还很弱小，小得对于当时一千多万平方公里的中华大地，它只占据了东北很小的一部分。建立这个新兴政权的是一个叫努尔哈赤的人，它的国号是“大金”。因为在中国历史上，曾经存在过一个叫做金的王朝，所以，我们一般称这个新兴的政权为“后金”。后金的建立，对于当时的明王朝来说，并没有很大的威胁，它如同当时的朝鲜国一样，被明王朝认为是保卫中国东北边境的附属政权，不具备威胁王朝的实力。可是自高自大的明王朝统治者怎么也没想到，就是这么一个小小的政权，却是自己的终结者。

万历四十六年（1618年），对后金来说，是他们建立国家的第三年了，那个被后金人称为“汗”的人因为不满足于居于一隅，决定起兵抗明。当然，不管什么时候，起兵都是要有理由的，没有理由怎么可以挑起战争啊，所以，努尔哈赤想出了一个理由，这便是正史所记载的“七大恨”，现将此七条的原文及现代文的解释列于下面：

大金国主努尔哈赤诏告于皇天后土曰：

我之祖父，未尝损明边一草寸土，明无端起衅边陲，害我祖父，此恨一也；明虽起衅，我尚修好，设碑立誓，凡满汉人等，无越疆土，敢有越者，见即诛之，见而顾纵，殃及纵者，讵明复渝誓言，逞兵越界，卫助叶赫，此恨二也；明人于清河以南，江岸以北，每岁窃逾疆场，肆其攘夺，我遵誓行诛，明负前盟，责我擅杀，拘我广宁使臣纲古里方吉纳，胁取十人，杀之边境，此恨三也；明越境以兵助叶赫，俾我已聘之女，改适蒙古，此恨四也；柴河三岔抚安三路，我累世分守，疆土之众，耕田艺谷，明不容留获，遣兵驱逐，此恨五也；边外叶赫，获罪于天，明乃偏信其言，特遣使遗书诟言，肆行凌辱，此恨六也；昔哈达助叶赫二次来侵，我自报之，天既授我哈达之人矣，明又挡之，胁我还其国，已以哈达之人，数被叶赫侵掠，夫列国之相征伐也，顺天心者胜而存，逆天意者败而亡，岂能使死于兵者更生，得其人者更还乎？天建大国之君，即为天下共主，何独构怨于我国也？今助天谴之叶赫，抗天意，倒置是非，妄为剖断，此恨七也！

欺凌实甚，情所难堪，因此七恨之故，是以征之。

——选自《清太祖高皇帝实录》

现代文解释：

七大恨：

（1）明朝无故杀害了努尔哈赤的祖父、父亲；

（2）明朝偏袒叶赫与哈达，却欺压建州；

（3）明朝违反双方曾经划定的范围，强令努尔哈赤抵偿其所杀越境人命；

（4）明朝派兵保卫叶赫，抵抗建州；

（5）叶赫由于得到明朝的支持，所以背弃盟誓，将其“老女”转嫁蒙古；

（6）明当局逼迫努尔哈赤退出已垦种的柴河、三岔、抚安等地，不许其收获庄稼；

（7）明朝辽东当局派遣守备尚伯芝赴建州，尚伯芝在当地作威作福。

找到了合适的理由，后金便开始与明朝进行了一场20多年的争夺天下的战争。1644年，也就是大清顺治元年，吴三桂以奉故明太子入城的名义，将清军引进北京。从此，正式开始了清朝在关内长达200余年的统治。

在中国历史上，王朝的兴衰是那么的相似，清朝的统治者们也是走了一条和前几代王朝一样的统治历程。在经历了初期的短暂治理之后，清王朝进入了一个鼎盛时期，康熙、雍正、乾隆三帝在历史上被人所称颂，他们在中国历史的发展进程中，留下了辉煌的一笔。但是乾隆朝以后，中国进入了封建社会的晚期，各种社会矛盾交织在一起，动摇了封建帝国的统治基础。在经济上，虽然出现了资本主义萌芽，但其发展极为缓慢。传统的自给自足的自然经济仍然占主导地位。当时的土地高度集中在满洲皇室、大贵族、大官僚的手中。如京郊怀柔县地主郝氏占地18000顷。道光时期，直隶总督琦善占地50000顷。而普通农民则由于无地、少地而沦为佃农或流民，因此农民暴动时常发生。其中规模最大的是白莲教起义，这一起义遍及川、陕、贵、滇等省。可见当时的阶级矛盾十分尖锐。在政治上，卖官鬻爵、贿赂成风、官僚结党、相互倾轧，官场腐败到了极点。乾隆时内阁大学士兼军机大臣和珅家产竟达4亿两白银，这相当于当时清朝政府8年财政收入的总和，而且和珅的党羽遍及天下。在军事上，当时的满洲贵族军队分为八旗和绿营。八旗有22万，绿营共有66万。军官大多成日饮酒作乐，聚众赌博，士兵多吸食鸦片，整日无所事事，整个军队建设很腐化也很松散。甚至军队中出现了骑兵没有马，水勇不习水的情况。在对外关系上，清朝实行“闭关自守”的政策。只留广州为通商口岸，并由广州十三行负责和外商交涉，不准中国商人与外商直接交易，还在广州修建外国商馆，并规定来华外商只能在商馆附近活动，不准和居民接触，也不准他们携带女家眷。这种外交政策严重阻碍了资本主义的发展，而且严重影响了中外经济文化的交流，使中国逐渐落后于其他国家。在文化上，清朝统治者为了维护封建专制统治，极力钳制舆论，实行严苛的八股考试，还发起了多起文字狱，残酷地打击知识分子。例如：康熙时的明史案、《南山集》案，乾隆时的胡中藻案。也正是由于文字狱的实施，当时的中国思想界总是死气沉沉的。

到了清朝末年，清朝的统治者已经真正失去了对中国走向的控制。上层的统治者还沉浸在天朝上国的幻想中，不仅没有人去认识西方的变革，就是在国内，统治者依然采取历来沿袭的手法——镇压，而不是去寻找问题的根源。农民对统治阶级越来越不满，他们最终将成为清朝政府的掘墓人。秘密宗教成为了联络他们的纽带，人民的愚昧又为宗教的发展提供了条件，而当时中国的农民多数是愚昧的，一般宗教可以在这些人当中迅速传播开来。人们总能想出各种办法来反抗清朝的统治。白莲教就是一个很好的例子。

在和珅掌权的时候，清政府的统治十分腐败。地方官吏贪污成风，专横跋扈，整个社会民不聊生、怨声载道。而且，在湖北、河南一带，又兴起了白莲教。清朝有个安徽人刘松，他到河南传教，以为百姓看病为借口，劝说当地民众信教，结果被清政府发配到了甘肃。

刘松的徒弟刘之协和宋之清却逃到湖北，继续传教。他们宣扬清朝快要灭亡了，将来会出现一个新的世界，在新的世界，只有入教的人才可以分到土地。当时的贫苦农民受尽了封建剥削的苦，极其渴望得到土地，听了他们的宣传，当然纷纷参加了白莲教。

随着白莲教势力的扩大，他们的举动惊动了乾隆皇帝。乾隆帝随即命令各省官府捉拿白莲教徒。官员们本来就是敲诈勒索的老手，此时更是趁机敲诈百姓，挨家挨户地查问，不管是不是教徒，百姓都得拿出一笔钱来“孝敬”他们。有钱人出钱买命，穷人则眼睁睁地看着自己的父兄死在狱中。官府清查白莲教的活动激起了百姓极大的不满。

于是，教会首领刘之协逃到襄阳，并召集教徒商量应对的策略。与会教徒深感世道的不公平，经过大家的一致考虑，白莲教决定用“官逼民反”的口号，发动群众起义，并派众教徒到各地去宣传和联络。

公元1796年，嘉庆帝即位，白莲教众在湖北宜都、枝江等地举行了起义。而襄阳的白莲教首领齐林，也定在元宵节起义，但由于走漏了消息，起义队伍遭到了官府的袭击，齐林和一百多个同伴被杀害。

齐林的妻子名叫王聪儿，原是个身怀绝技的江湖卖艺女子。得知丈夫遇害后，她决心给丈夫和起义的同伴们报仇。于是，她和齐林的徒弟姚之富一起，重新整顿了起义队伍，仅用1个月的时间，就组织了一支四五万人的起义军。这支起义军到处打击官府，惩办各地的贪官污吏。

在王聪儿于湖北起义的同时，四川、陕西的白莲教徒也纷纷起兵响应。起义的火焰在三省广大地区蔓延开来，而且一些贫民、流民，都参加到了起义的队伍中。

嘉庆帝眼看起义军声势越来越大，便慌了手脚，连忙命令各地的总督、巡抚、将军、总兵等大小官员，率大批兵马镇压起义军。但是腐败已久的官吏、将军只知道贪污军饷，早已忘了如何作战。

此时，王聪儿已经率教徒兵分三路，从湖北打到了河南。起义军不但骁勇善战，而且机动灵活。他们在行军的时候，从不整队，不走平坦大道，而专拣山间小路走，见了官军也不正面迎战，而总是找机会袭击敌人的后方。他们战略性地把兵士分成许多小队，几百人一队，有分有合，忽南忽北，往往把围剿他们的官军弄得晕头转向，不知所措。就这样，起义军在湖北、河南、陕西等地流动作战，打击官军。第二年，白莲教的起义军在四川跟当地的起义军会师。

嘉庆帝见官军围剿失败，便更加严厉地督促各地将军集中兵力，围剿王聪儿的起义军。

当时的清军将领明亮向嘉庆帝献了一条恶毒的计策，就是让各地地主组织武装民团，修建碉堡。起义军一来，清军就把百姓赶到碉堡里去，让起义军找不到群众，得不到粮草供应。这种做法，就是所谓的 “坚壁清野”。嘉庆帝下令全国各地都采用这种计策，起义军的活动果然越来越困难了。

清军在川北一带围攻了王聪儿。经过奋战，王聪儿摆脱了清军围攻，并亲自带领20000人马攻打西安，不料在西安遭到官军阻击，吃了败仗。后来队伍撤回湖北，但明亮率官军紧紧追击。在官兵和地主武装势力的夹击下，起义军最终在郧西三岔河，陷入了敌人的包围圈。

王聪儿临危不惧，见机行事，指挥起义军退到了茅山的森林里，并策划突围。但是，官军围住了茅山，并密密麻麻地涌上山来。起义军虽然顽强抵抗，但最终还是失败了。王聪儿和姚之富眼看大势已去，就退到山顶，纵身跳下了陡峭的悬崖，英勇牺牲。

王聪儿牺牲后，各地起义军仍继续进行反抗官府的斗争。清王朝用了整整9年时间，才把这场起义镇压了下去。但是，经过这场起义的打击，清政府从此一蹶不振。

嘉庆帝死后，他的儿子旻宁即位，也就是道光帝。道光帝即位后，清王朝更加衰落，西方资本主义国家也乘机加紧侵略中国，民族危机日益严重。到了1840年，也就是道光帝即位的第二十年，爆发了屈辱的鸦片战争。自此以后，中国从封建社会一步步变为半殖民地半封建社会。中国从此开始进入了侮辱悲惨的近代史，中国人民也开始了反对帝国主义侵略、反对封建统治的艰苦卓绝的斗争。中国历史迈入了一个新的时期—近代史时期。

第二节 关不住的大门

近代西欧和中国的交往可以追溯到16世纪。葡萄牙是最早在中国建立殖民据点的国家。他们贿赂当地的官员，以租赁的方式向明朝政府索取了在澳门入住的权利，直到清朝晚期，才彻底地侵占了澳门。大约在17世纪，荷兰人的海上势力逐渐强大起来，他们以武力的形式占领了澎湖和台湾，一直到1659年才被郑成功所驱逐而退出台湾。英国与他们比起来，显然是走在了后面。但是由于工业革命后英国的经济发展较快，推动了其军事的发展，逐渐取得了世界海上贸易的霸主地位。到了18世纪中期，英国在印度的统治进一步巩固，东印度公司的性质也就发生了根本的变化，由商业机构转变成了殖民统治机构。到1764年，英国对中国输入商品的总值为120万两，占欧美各国对华输入商品总值的63%。英国自中国输出商品总值为170万两，占欧美自中国输出商品总值的47%。这就意味着英国在对华贸易上已经获得了第一位的位子。但是这对英国来说还不是最满意的结果。因为，在中英贸易中，中国一直保持着出超，中国的瓷器、丝织品、茶叶成为欧洲各国的抢手货。例如在18世纪末，东印度公司自中国输出茶叶，每年平均约在400万两左右，仅此一项就可以抵消当时英商输入中国的三项商品。且在当时的中国社会存在着大量的自给自足的经济体，对外国商品有极大的抗拒力量。广大农民从事多种副业生产以补充自己低微的农业收入，纺织品和很多日用品都是靠着自己的双手制造出来的。就整体来看，对于英国的机器制品，中国的需求量还不是很大，当然中国的普通农民要购买从西方国家进口的产品，在购买力上也是存在问题的。英国输华商品除了受到经济上的排斥，在政治上也受到了阻挡。清政府的闭关政策，用政治力量限制进出口贸易。清政府认为“天朝物产丰盈，无所不有，原不借外夷货物，以通有无”。其实这是由中国封建自然经济结构所决定的，但也不排除有统治者的自身意识。满洲以少数民族的身份入主中原，一统天下。它对于具有民族意识的汉族民众有很大的防范心理。使汉族与外来民族避免接触，这样可以分散力量，使清政府易于统治。西欧各国在开始与中国接触的时候，也不是他们所说的文明接触，都是付诸于武力。如在19世纪初，英国几次和葡萄牙争夺澳门租借地，甚至派兵船驶近广州。1807年，英国“海王星”号水手在广州酗酒闹事，打伤中国百姓数人，事后该船船长庇护凶手，拒不交出。1821年，英国水兵因践踏伶仃岛农民的番薯苗，引起争执，英国兵船“陀巴士”号船长“遣兵上岸助之，见土人聚一小市中，乃向市施炮”，击毙农民黄亦明、池大河等。清政府要求交出凶手并严加惩办，英国兵船置之不理，径自逃回英国。如此恶性事件让清政府对外族的好感度急剧下降，在对外关系上自然产生了戒心。乾隆时，颁布了“防夷五事”：第一是禁止外商在广州过冬；第二是责令公行对外商“管束稽查”；第三是禁止向外商借贷资本，禁止受雇于外商；第四是禁止代外商传递信息；第五是派兵在外国商船停泊所“弹压稽查”。条文尽管规定得严密，但是纠纷事件仍然时有发生。特别是英国两次图占澳门，更是让清政府增加了戒心。在嘉庆时又颁布了《民夷交易章程》，规定兵船不准擅入内港，外商不准久住澳门，清查澳门户口等。到道光时又有李鸿宾的所谓《防范夷人章程》和卢坤的《八条章程》。这两个章程除重申以往的规定外，又增加了禁止外商偷运枪炮、禁止私顾买办、禁止外商坐轿、禁止外国妇女入城、外商住商馆中禁止擅自出入等项目。除了以上限制外，清朝政府对出口货物的品种、数量也加以控制，粮食、五金、军火、书籍均严禁出口，丝、茶的出口数量也有一定的限制。面对如此严格的限制，英国采取了海盗式的贸易，在商船上装备了武器。1792年，在清朝乾隆皇帝八十大寿的时候，英国派遣以马格尔尼公爵为首的使节团以祝寿的名义来到北京，要求开放宁波、舟山、天津等口岸，允许英国在北京派驻官员、设立商馆以及减轻税则、放宽限制等。但是清政府出于自身安全考虑，委婉地拒绝了英国的要求。1816年，以阿美士德为首的使节团再次来到北京，重申二十多年前的要求，但再次被拒绝。一次次的失败，让英国认识到了使用谈判的方式要求清政府开港，是根本不可能的，因此，采取强硬的态度对待中国成为当时英国社会的主流声音。1832年初，东印度公司秘密命令礼士化名胡夏和传教士郭士力乘船北上，经厦门、福州、宁波、上海、山东等地，目的是刺探各地情况，为武力开港作准备。郭士力甚至扬言“全中国的一千只师船，不堪一只兵舰的一击”。1833年英国政府取消了东印度公司对华贸易的垄断权，英国派出了第一任驻华商务监督律劳卑到达中国。他为了执行英国政府的对华策略，一到中国便和政府起了冲突。冲突并没有引起全面战争的爆发，但是已经显示了英国不惜武力来打开中国大门的野心。

中英贸易中中国的出超对商业资本主义的英国的打击是巨大的，资本的运作是要靠金钱来支撑的，金钱大量流入中国，迫使英国开始寻找新的商品以获取中国的财富。鸦片就成为英国扭转对华贸易不利局面的关键“商品”。其实鸦片很早就输入中国了，但是只是被拿来当做药物使用的，输入的数量也就少一些，到18世纪初才被当做毒品而输入中国。在18世纪中叶以前，每年的鸦片输入量也只有200箱左右。到1773年的时候，东印度公司垄断了鸦片贸易，这样印度来华的鸦片也就逐年增加。19世纪初期，平均每年输入的鸦片是4000箱。清政府也是三令五申，禁绝鸦片输入。但是英国人认为这是一笔利润丰厚的生意，怎么可能轻易放弃呢。因此他们使用各种手段破坏清朝政府的禁烟令，特别是从1821年起，英国鸦片贩子为了便于走私，把装有鸦片的趸船移到伶仃洋面。鸦片走私贸易日益兴旺，在加尔各答的英国报纸描述伶仃洋面的鸦片贸易盛况时说：

“在这里停留的各种大小不同的船只，有些是趸船，所载的主要货物是鸦片，这些船只多少年就没有移动过……自早至晚，走私船只从这些趸船上运走鸦片，来往不断……走到鸦片船上，到处都可以看到活泼的、发财的、买卖的气象。在甲板的一边堆着成列的来自摩拉瓦的鸦片，另一面又有来自巴特那的鸦片……在船尾上，两千元一箱的洋银，不知有多少箱……当你看到在这船上，这些财富充斥的象征，而且这些钱财在表面上看是如此不注意地分散着，你便对这部贸易的规模之宏大，价值之重要，有很深的印象了。在这里边的投资是很大的，总不下两千万元左右。”

鸦片走私贸易不仅有趸船作为总的集散地，而且鸦片贩子还向中国内地撒开了一张鸦片走私网。《清实录》记载了这个走私网的情况：

“洋船私带烟土来粤，竟敢于附近虎门之大鱼山洋面，另设夷船囤积，称为鸦片趸，并有夷目兵船，名曰护货，同泊一处。勾通土棍以开设钱店为名，暗中包售烟土，呼为大窑口。如省城之十三行、联兴街，多有此店。奸商到店，与洋人议价立券，以凭到趸交货，谓之写书。又有包揽走漏之船，名曰快蟹，来往如飞，呼为插翼。其船星夜遄行，所过关津，遇有巡丁追逻，竟敢施放枪炮，关吏莫敢谁何，又不报官惩办，是以肆无忌惮。此种快蟹，现有一二百只之多。凡由趸送货至窑口者，节系此等船包揽，各巡船通同作弊，按股分赃，包庇行私，其弊尤甚。其销售各路，如福建之厦门，直隶之天津，广东之雷琼二府，皆由窑口立券，到趸交货。

其余各省私贩，入口出境，均系快蟹船包送……其由大窑口分销内地，悉因奸民串同各衙门蠹役，开设私局，名为小窑口，各处城乡市镇，所在多有。”

从以上记载可以看出鸦片走私的广度和深度。当然鸦片生意之所以能够如此火爆，和清政府的腐朽也是有关系的。清政府虽然三令五申，严禁输入鸦片，但是许多官员接受贿赂，使禁令变为一纸空文。陕西巡抚富呢扬阿说：“鸦片之禁，已非一日，其风不息而愈炽者，非立法之不严，实稽查之不力……查夷船载运烟土，至广东黄埔、老万山二处停泊，内地奸商分设窑口接运。其大宗由海运到福建、浙江、江南、山东、天津、关东各海口，而各海口又有专司收囤转贩之户。其由内河兴贩至南北各省，盈箱累笥，载以舟车，实繁有徒。是兴贩者确有来踪，不难察查，而开馆者咸在通都大邑，更不能掩人耳目，如果各省大吏，督率僚属，认真查缉，何至不可遏绝。”正如马克思所指出的：“侵蚀天朝官僚政治的肺腑、破坏宗法制度的屏障的贿赂行为，和一箱箱鸦片一起从停泊在黄埔的英国趸船偷偷运进了中国。”当然鸦片生意也不止英国一个国家在做，对中国输入鸦片的还有美国商人。据当时调查，在广州的美商，除了一家是例外，其余全都经营鸦片生意。美国贩运鸦片的船只，常悬挂美国国旗作掩护。他们甚至特别制造一种船只，叫做“鸦片飞剪号”，实行武装走私。美国人丹涅特承认“在鸦片贸易的这一方面，美商所得的好处，远较任何其他国家的商人为多”。当时，美国在对华鸦片贸易中追随着英国而占第二位。鸦片贸易打破了中国对外贸易方面的优势，为了抵偿鸦片的输入，每年要流出很多银两。中国本来是产银很少的国家，但从14世纪中期开始白银成为主要的价值尺度和流通手段以来，中国对白银的需求量是很大的。由于中国在对外贸易上长期出超，几百年来从欧美国家源源不绝地流入的白银，补充了国内市场的需要。但是从鸦片贸易发生后，白银的流向发生了根本变化，由流入变为流出。据统计：1814至1815年中国对印度的白银出超已达130万两，以后逐年增加。至鸦片战争前夕，对印度的白银出超为600万两以上。这还仅仅是对印度的出超，加上对其他地区的出超，数量当更为庞大。估计在鸦片战争前的20年间，白银流出的总数不会低于1亿两。白银的大量外流，给中国经济发展带来不利的影响，中国发生了银贵钱贱的危机。按清朝规定，每两银子换钱一千文，而到19世纪20年代，直隶一带每两银子换钱一千二三百文，到1839年换钱一千六百七十几文。银价上涨使劳动人民首先蒙受其害，因为人民劳动成果的零星出卖只能换回铜钱，可是他们在交纳赋税时却要按银价折算，从前只要交出一千文就可抵换一两，而在1839年却须交一千六七百文。如包世臣所说：“各省现征钱粮，至少之处，每两收制钱一千八百文，照征宫解司，一正一耗，加火工解费，每正银一两，须银一两一千七八分方敷，而一千八百文不能得市价银一两一千七八分；小民共知银一两钱一千之例，以千八百文输官，怨仇已起，而官每两尚须赔钱二三百文不等。”银贵钱贱不仅使人民的负担加重，而且也妨碍了正常的交易，因为货币的流通量和商品的流通量总是成正比的，作为交换手段的白银货币大大减少了，这样也就影响到投入流通过程的商品的数量，使交易不能畅通。如林则徐奏称："臣历任所经，如苏州之南濠、湖北之汉口，皆阛阓聚集之地，叠向行商铺户暗访密查，佥谓近来各种货物，销路皆疲，凡二三十年以前，某货约有万金交易者，今只剩的半数，问其一半售于何货，则一言以蔽之曰：鸦片烟而已。"禁烟的一派面临的阻力也是很大的。统治者同样也面临着双重的阻力。但是相比之下，鸦片的危害还是大于目前的既得利益。所以，在争论的最后，禁烟派取得了胜利，林则徐的虎门销烟掀开了中国历史新的一页。西欧资本主义在中国的扩张，没有采取正当的经济贸易手段，而是采用了"鸦片"和"大炮"撬开了中国的大门。这种野蛮的做法，对中国日后的发展带来种种不利的影响。由于清政府的腐败，致使中国没有像日本那样摆脱被奴役的命运，在贸易战中走上了一条迷失自我的道路。

第三节　站在浪尖的中国人

“开眼看世界”的发生首先必须冲破传统天朝观念的束缚。长期以来，官僚士大夫自视中国为“天朝上国”，恪守夷夏之别的古训。清政府闭关锁国，朝野大臣闭塞愚昧。经过两次鸦片战争的打击，一批先进的知识分子不仅目睹了坚船利炮的威力，亦感受到战后沿海地区西方势力渗透带来的威胁，并充分认识到“悉夷情”的重要性。于是他们开始冲破夷夏大防观念，重新认识前来叩门的西方列强，并进一步探索中西方之间存在差距的原因，寻求“制夷”、“筹远”的良策。在长期闭关自守、昧于外情的形势下，他们不约而同地把这种探求首先集中于对外部世界的研究和介绍上，编撰了一批介绍外部世界史地和各国社会情况的著作，掀起了一股研究边疆和世界史地的新风气。

最早着手系统介绍域外史地的当推林则徐。他在道光二十年（1840年）左右，为了了解外人对禁烟问题及中外交涉的动向，组织力量在广州翻译有关的外文资料，编成《四洲志》。书中对世界各大洲都有涉及，已初步勾勒出整个世界的轮廓。《四洲志》在闭塞已久的社会中打开了一扇眺望世界大势的窗户，被后人推崇为“新地志之嚆矢”。之后魏源的《海国图志》、徐继畬的《瀛环志略》、姚莹的《康輶纪行》、梁廷楠的《海国四说》等探索世界奥妙的著作相继问世。特别是魏源在《海国图志》中提出了“以夷攻夷”、“以夷款夷”、“师以长技以制夷”的口号，被梁启超称为对外政策的“三大主义”，它支配中国近代追求新知识的士大夫的意识达半个世纪以上。

封建士大夫的著作，相当完整地展示了世界大势，从而提供了一个关于世界的新概念。鸦片战争后有关世界史地的著作，较为完整地介绍了世界的概况。他们吸收和运用近代西方地理科学知识，以五大洲、四大洋来划分当时的世界，对南北极、经纬度都有了比较详细的介绍。书中广泛地使用了世界地图，如《海国图志》共收地图77幅，分地球全图、各洲图、各国图、沿革图等，《瀛环志略》有图42幅。地图虽然还十分简陋，但能使人们对世界有直观的了解。各书的书写也比较认真、严肃，没有荒诞不经的传说和渲染夸张的猎奇，而是用主要的篇幅介绍各国的地理位置、历史沿革、风土人情、政事、经济、军事、文化教育等。

通过他们的介绍，人们从对世界只有零散的、模糊的认识发展到较完整的了解。一种新的世界观念正在形成。新的世界观念的形成不仅部分地突破了传统地理认识的束缚，而且在一定意义上也冲击了传统的文化体系。中国传统文化以儒家学说为主体，其特征之一是缺乏向外部世界探求新知的进取精神。任何对此不满足而想进一步探索的思想和行为，都是与这个体系不相容的。中国要想谋取进步，必须冲破儒家传统文化所设置的这道藩篱，这是历史向近代中国人提出的一大要求。这种冲击波及政治上层建筑，对中国封建制度构成了潜在威胁。中国封建专制主义是一种天子高高在上君临四海的格局，反映在对外关系上，就是千余年沉寂的夷夏之防、四方蛮夷向化中朝的观念。封建士大夫的著述虽然是以维护封建制度的面目出现的，但在实际上，它已触及封建肌体上十分敏感的神经。天朝尽善尽美的神话一旦被打破，随之而来的必然是对封建专制制度的怀疑乃至反抗。新的世界观念的形成，促使人们走出传统心理的封闭圈子，诱发了人们对封建文化以至封建制度本身的怀疑，启示了后世追求祖国富庶强盛的一代志士仁人。

对西方资本主义文明的介绍，是封建士大夫的著作中一个十分重要的内容。介绍世界史地的著作的问世，使中国人对西方世界的认识提升到一个新的高度，使人们的注意力从人、武器转向社会。从纵的方面看，这些著作涉及了自古希腊、罗马社会至当时的欧洲社会的沿革；从横的方面看，这些著作介绍了欧美资本主义列强的政治制度、司法程序、军事力量、贸易税收、文化教育、宗教风俗、技艺用器等。这些著作对西方文明的介绍主要集中在两个方面：一是“以商贾为本计”的经济制度，一是国事取决于“公议”的政治制度。他们认识到，欧美列强普遍地以商业作为国本，与中国以农立国不同，这些国家的富裕和强盛有赖于贸易和税收。这虽谈不上是对资本主义经济结构的本质认识，但它客观地描述了西方资本主义经济运作的表面形态，给后人以直接或间接的启示。这些著作对西方政事的介绍，包括议会制度、选举制度、立宪制度等，涉及近代资本主义民主政治的一些主要方面。对西方国家的民主政治，著作者们都颇为赞赏，且给予了较高的评价。然而，这些著作在介绍和描述西方的经济、政治制度时，始终把它作为一个客体来对待，在他们的思想中，还没有想到需要将中国社会与西方社会进行比较，更没有想到应该在哪些方面向西方学习。尽管魏源提出了“师夷长技”的见解，但他所“师”的只是水战火器和练兵制器等。况且师夷论者在当时并没有引起多大注意，犹如一粒石子投入一潭死水，刚泛起几朵浪花，便又归于沉寂。

介绍世界史地的著作的问世，开辟了中国人认识近代世界的最初道路，标志着“开眼看世界”思想的形成。“开眼看世界”思想的出现，反映了中国人对待外部世界的态度开始扭转，表明了中国人对待世界知识由被动接受转向主动探寻，是中国历史发展中具有重要意义的转折。

附一：

林则徐与虎门销烟

林则徐（1785-1850），汉族，福建侯官（今福建省福州市）人，字元抚，又字少穆、石麟，晚号俟村老人、俟村退叟、七十二峰退叟、瓶泉居士、栎社散人等。他是清朝后期政治家、思想家和诗人，是中华民族抵御外辱过程中伟大的民族英雄，其主要功绩是虎门销烟。官至一品，曾任江苏巡抚、两广总督、湖广总督、陕甘总督和云贵总督，两次受命为钦差大臣。因其主张严禁鸦片、抵抗西方的侵略、坚持维护中国主权和民族利益而深受中国人民的敬仰。1959年，郑君里、岑范执导的电影《林则徐》被搬上了银幕。嘉庆三年（1798年），林则徐中秀才，就读于鳌峰书院。嘉庆九年（1804年）中举，任厦门海防同知书记，后入福建巡抚张师诚幕府。嘉庆十六年（1811年）中进士，选为庶吉士，授编修。先后任江西乡试副考官、云南乡试正考官。嘉庆二十五年（1820年），任江南道监察御史转浙江杭嘉湖道，任上修海塘，兴水利，发展农业，颇有政声。鸦片战争时期主张严禁鸦片、抵抗西方列强的侵略。史学界称他为近代中国“开眼看世界的第一人”。

道光十六年（1836年），太常寺少卿许乃济向朝廷提倡“驰禁论”，请求朝廷允许民间贩卖吸食鸦片，使鸦片的走私合法化；道光十八年（1838年），鸿胪寺卿黄爵滋却提出“严禁论”，要求朝廷重重惩治吸食鸦片者。同时，林则徐也向朝廷上奏，声明严禁鸦片。而且，未等皇上批示，林则徐就开始在广东全省禁烟，并收缴烟土、烟膏与烟具，还配制了“断瘾药丸”，以供百姓戒烟，这些措施都很有成效。接着，他又上一封奏折，主要是指出烟禁特别是杜绝鸦片来源的重要性和禁烟方法。针对反对派的驳斥，他强调说：“法当从严，若犹泄泄视之，是使数十年后，中原几无可以御敌之兵，且无可以充饷之银。”此时，举棋不定的道光帝终于认识到了严禁鸦片的迫切性和必要性。于是，朝廷决定禁烟。当年11月15日，道光皇帝特命林则徐为钦差大臣赴广东开展禁烟运动。

在查禁鸦片期间，林则徐在自己的府衙挂了一副对联：“海纳百川有容乃大，壁立千仞无欲则刚。”这副对联可以说是寓意深刻。在上联中，他告诫自己要广泛听取各种不同意见，这样才能把事情办好；在下联中，他砥砺自己，为官必须杜绝贪欲，这样才能像大山那样刚正不阿，屹立于世。林则徐做人的原则，真是令人钦敬啊！

1839年3月10日，林则徐经过两个月的旅程到达广州，第二天在辕门外贴出两张告示。其中的一张告示《收呈示稿》声明钦差大臣到广州的目的是查办海口事件。而另一张告示《关防示稿》则无异于钦差大臣此行的第一个宣言，同时也是开展禁烟行动的先声。这两张告示是林则徐作为钦差大臣在广州向官员、百姓和外国人的首次公开宣言，他以势不可挡的威慑力证明了自己禁烟的坚定决心。

1839年3月18日，林则徐发布了两则谕贴。3月19日他便下令禁止外国人离开广州。3月21日下令包围商馆。3月22日又下令缉拿英国鸦片贩子颠地。3月28日，英国驻华商务监督义律向林则徐呈送了《义律遵谕呈单缴烟二万零二百八十三箱禀》。到5月18日，共用34天，共收缴烟土1187箱，又2119袋，总重量1188127公斤。1839年6月3日林则徐将收缴的鸦片在虎门销毁。虎门销烟打击了英国人嚣张的气焰，也触动了英国资产阶级在华的根本利益，这样战争就在所难免了。

林则徐意识到英国要发动侵略战争。想要战胜敌人，就必须知己知彼。经过多方面分析和研究，他认为：只有变敌人的长处为自己的长处，才能最终胜过敌人。这也就是后来魏源归纳的“师夷之长技以制夷”。林则徐亲自组织了翻译外文的班子，把外国人讲述中国的言论翻译成了《华事夷言》，以此作为中国官吏的一种“参考消息”；为了了解国外的军事、政治、经济情况，他们还将英商主办的《广州周报》译为《澳门新闻报》；为了解西方的地理、历史、政治，又翻译了英国人慕瑞所著的《世界地理大全》，并将其改编为《四洲志》，这也是我国近代第一部比较系统地介绍西方地理的书；他们还翻译了瑞士法学家瓦特尔所著的《国际法》。《国际法》有一条规定：“各国有禁止外国货物不准进口的权利。”这为中国禁烟提供了法律上的依据。在军事方面，林则徐率部加强和改善沿海一带的军事防御力量。他专门从外国买来200多门新式大炮安置在海口炮台上。为了改进军事技术，他又搜集了大炮瞄准法、战船图书等资料，并组织官兵学习。林则徐这种敢于学习外国先进科学技术的精神，受到了人们的高度赞扬，后来他被称为“开眼看世界的第一个人”。虽然林则徐对西方的认识略显肤浅，而他接触西学的目的也只是出于外交、军事的需要，但他毕竟开创了中国近代学习和研究西方的风气，对中国近代维新思想的产生有重要的启蒙作用。

附二：

魏源与《海国图志》

魏源（1794—1857），原名远达，字默深，湖南邵阳金滩（今属隆回市）人。魏源21岁时，父亲魏邦鲁由地方调往京师做官，他就随父到了北京。他和林则徐、龚自珍等爱国志士交往甚密，经常议论时政。由于魏源富有朝气，思想出格，所以他在功名场中是很不得意的。他一生的大部分时间是在做幕客和从事写作。鸦片战争爆发前，林则徐被任命为钦差大臣去广东禁烟，他为了了解外国的情况，组织了一个班子翻译外国的报纸和书籍，他主持汇编的《四洲志》一书，记述了世界五大洲30多个国家的地理和历史。后来，林则徐把《四洲志》的全部资料送给好友魏源。魏源在《四洲志》的基础上写成《海国图志》。

《海国图志》是中国近代史上第一部较为详尽较为系统的世界史地著作。历史上最早开始在中国介绍有关世界史地知识的书籍，是西汉司马迁的《史记》。自此以后，历代正史也多立有外国传，但这些记载大多局限于中国边境的国家。到近代才有《四洲志》和姚莹的《康辅纪行》。《四洲志》完全是一部翻译作品，而《康辅纪行》是综合了日记与杂录而写成的。《海国图志》的编写，不仅在内容上弥补了《四洲志》和《康辅纪行》等书的缺憾，还初步形成了自己的行文结构及理论方法。书中引用了古今中外近百种资料，系统地介绍了西方各国的地理、历史、政治以及许多先进科学技术，如火轮船、地雷等。而其中记载的各国气候、物产、交通贸易、民情风俗、文化教育、中外关系、宗教、历法、科学技术等，也都超过了以前的书。所以有人称《海国图志》为中国人谈世界史地之“开山”。《海国图志》具有划时代的意义，他给闭塞已久的中国人提供了全新的近代世界概念。明末清初，西洋传教士利玛窦等人来华，带来了许多西方的新知识和新东西，但却不被人们重视。在鸦片战争爆发前，妄自尊大的大清朝皇帝和达官贵人们，竟然不知道英国在哪里，也不明白海上霸王是怎么一回事。《海国图志》的出版，打破了这种局面，它为人们提供了80幅全新的各国地图，又用66卷的巨大篇幅详尽地叙述了各国的史地。《海国图志》其实成了当时的中国人开眼看世界的一个望远镜。它既让中国人看到了西洋的“坚船利炮”，也让中国人看到了欧洲国家的商业、铁路交通、学校等情况。至此，中国人真正地跨出了“国界”，认识到了近代世界的新鲜事物。在百卷本的《海国图志》中，作者不仅重视工商业，而且还由经济扩展到政治，由开始对西方“坚船利炮”等奇技的惊叹，发展到对西方近代资本主义民主政体的介绍。魏源的“师夷”思想达到了他那个时代的高峰。《海国图志》在其他国家，尤其是日本，也有一定的影响。此书传入日本后，日本民众争相购读，这本书在著名的明治维新中也起过一定的作用。现代日本学者井上靖指出：“幕府末期日本学者文化人等……例如，横井小楠的思想起了革命，倾向开国主义，其契机是读了中国的《海国图志》。”（《日本现代史》）随着日本维新潮流的日趋高涨，倒幕运动也风起云涌，终于在1868年爆发了著名的明治维新运动，彻底推翻了幕府的封建统治。可见，魏源的《海国图志》对日本维新运动的影响之大。

附三：

徐继畬与《瀛环志略》

徐继畬（1795-1873），字健男，号松龛，别号康田，书斋名退密斋，出生在山西省代州五台县（今属忻州市）东冶镇东街“司马第”一个清贫的士宦之家。他是一位爱国者，是中国近代开眼看世界的伟大先驱之一，又是近代著名的地理学家，在文学、历史学、书法等方面也有一定的成就。

《瀛环志略》是徐继畬最重要的一部著作。道光二十二年（1842年），徐继畬进京觐见皇帝。道光皇帝向他询问海外的形势与各国的风土人情，他详尽地回答了问题。于是，道光皇帝命令他编纂关于海外情况的书籍。从此，徐继畬发奋努力，随时采访，并广泛地搜集资料，终于在道光二十四年（1844年）完成了《瀛环志略》的初稿，当时叫做《瀛环考略》。其后，他又参阅了魏源的《海国图志》，对《瀛环考略》进行了查遗补漏，并使其日臻完备，最终定名为《瀛环志略》。道光二十八年（1848年），《瀛环志略》初刻于福建抚署。同治四年（1865年）由于受沈桂芬的大力提倡，总理衙门重刻了《瀛环志略》，次年刻成。这本书共分10卷，分装6册，总分图共44幅。此书先为总说，后为分叙，图文并茂，对世界各国的疆域、种族、人口、沿革、建置、物产、生活、风俗、宗教等都有详细的论述。

在《瀛环志略》中，徐继畬不仅介绍了西方先进的科学技术，还介绍了西方的民主制度。本书在叙述华盛顿领导美国人民建立资产阶级民主制度的时候，指出美国的民主制度与中国人所谓的“大同社会”的精神是一致的，而且评论到：美国“幅员万里，不设王侯之号，不循世及之规，公器付之公论，创古今未有之局，一何奇也！”又说：“华盛顿，异人也……开疆万里，乃不僭位号，不传子孙，而创为推举之法，几乎天下为公，侵侵乎三代之遗意。”可见，《瀛环志略》比较推崇美国的资产阶级民主制度和资产阶级革命的领导人物。这对后来的资产阶级维新派产生了重大影响。

《瀛环志略》传入日本后产生了极大的影响。在中国国内它更是影响了康有为、梁启超等改良主义思想家以及后来投身于辛亥革命的许多志士仁人。康有为曾说过，阅读此书后，他才“知万国之故，地球之理”（《康南海自编年谱》）；梁启超中举人后，“从坊间购得《瀛环志略》读之，始知有五大洲各国”（《三十自述》）。阎锡山在光复山西后，通电全国称：“锡山生长边郡，愚戆性成，髫年入塾，窃窥乡先正《瀛环志略》书，每思航海西渡，考察拿破仑、华盛顿之战迹，究卢梭、孟德斯鸠之法理。”在他们眼中，这本书不仅是地理著作，更是政治教科书。周振鹤在《正眼看世界的第一人——纪念徐继畬诞辰二百周年》一文中指出："《海国图志》并不是严格意义上的世界地理书，魏源根本没有走出天下观念的限制，只是把四夷的范围推向极致而已。'海国'二字其实就是新形势下的四夷，以中国为天下的概念没有根本的变化。《瀛环志略》则是名副其实的世界地理图志，徐继畬客观地将中国降为万国之一，走出'天下'的阴影，进入世界新境，瀛环就是世界的意思。""徐继畬的世界地理著作《瀛环志略》不但是他认识世界的总结，而且反映了他走出天下进入世界的心路历程。徐继畬是当之无愧的正眼看世界的第一人。"

第四节　炮口下的民族精神

一、说到鸦片，必先说茶

茶在中国，历史相当悠久。陆羽在《茶经》中说，茶之为饮，发乎神农氏。西方人首次知道“茶”，大约是在1550年。到1606年的时候，中国茶叶首次通过荷兰的东印度公司运到了阿姆斯特丹，中国茶正式登陆欧洲。

到1664年，大英帝国东印度公司的代表将一份“神秘珍奇大礼”献给了继位不久的英国国王查理二世。细看这份大礼，不是它物，却是一个小小的圆罐，罐内装的是风干的绿色叶子，大约重2磅2盎司，产地是遥远的东方——中国。少顷，当绿色的细叶被沸水冲泡以后，浓香开始弥漫。代表将茶双手奉上，查理二世很是迟疑地吮吸了一下，顿时觉得颊齿留芳。据说，这便是英国皇室首次品尝中国的茶叶。无独有偶，查理二世所迎娶的葡萄牙公主凯瑟琳对茶也是情有独钟。饮茶的风气从此在英国宫廷以及许多欧洲国家迅速流行开来。

100多年以后，中国的茶已经成为英国进口产品的一个大项，每年大约都在1万磅以上。茶叶也给英国带来了每年高达330万镑的税收，几乎达到了英国国库总收入的1/10左右和东印度公司的全部利润。茶叶也因此被誉为“东印度公司商业王冕上最贵重的宝石”。在针对美国的贸易中，茶叶也占到其全部进口货物的90%以上。所以一些历史学家、经济史学家把18世纪称为欧亚贸易的“茶叶世纪”。

因为对茶叶有巨大的需求，所以导致了大约260万英镑的白银流入了中国，而英国白银为此几乎耗尽，中国对英国保持了长期的贸易顺差。欧洲的经济史学家也承认，18世纪50年代，欧洲的生活水准要低于世界其他地区，尤其是低于中国。中国人没有西方产品同样可以安度无忧，但西方人却已无法摆脱对中国产品的依赖。除了过去的丝绸，现在又增添了茶叶。这种局面一直到欧洲工业革命取得成功，机械化规模化生产被实现以后才彻底打破。

二、巡洋舰挑战“天朝偏见”

鸦片战争之前的中国对外贸易状况使得乾隆皇帝甚至所有的中国人都有理由对西方人居高临下。但是，令自我感觉良好的清朝政府没有想到的是，19世纪中叶这一状况发生了根本性的逆转。

1834年7月，英国政府派到中国的首任驻华商务监督律劳卑勋爵到达广州。这位驻中国的大英帝国使者有着非常显赫的皇室血统，是苏格兰的贵族和勋爵，曾经担任过英王的侍从官，还兼任皇家海军少校。之前，垄断英国对外贸易的东印度公司已经被取消，英国政府专门设置了商务监督，管理海外贸易。律劳卑被选为首任商务监督，可谓是重任在肩。从这里也可以看出英国对中国贸易的重视。英国政府给律劳卑规定的任务是："保护和促进英王陛下臣民对广州的贸易，并尽力查明把英国贸易扩大到中国领土的其他部分是否可行，同时也为英国的海军取得据点，以便英国海军的活动。"需要特别说明的是，"对广州的贸易"很大一部分便是鸦片贸易。

律劳卑本来踌躇满志，可是到达广州后，他就碰上了一颗硬钉子。

律劳卑根据英国外交大臣巴麦尊勋爵的提示，用书信通知了中国的两广总督，要求和两广总督直接对话。但是两广总督卢坤听说以后，勃然大怒，很是生气，拍案而起：我是堂堂大清帝国的封疆大吏，怎么可能与你一个做生意的"夷目"（清人对外国人的蔑称）直接沟通，这在道理上也是说不通的啊！不仅如此，卢坤还对粤海关监督和公行首脑进行了一番责骂，明确要求公行停止与英国商人的贸易，接着下命令"封舱"，要求所有的华人仆役必须从英国商馆中撤离出来，而且不许把日用商品卖给英国人，把英国商馆的水和粮切断。卢坤还对一再姑息英国商人的广州知府下达了撤职令。

见到中国当局的如此态度，律劳卑终于按捺不住，他命令停靠在外海的两艘英国军舰立即进入广州的内河。英国军舰就这样在清军炮火下强行驶过虎门，进抵黄埔。律劳卑也当即发表宣言，称中国广东的当局已开始准备挑起战争。

两广总督卢坤也是铁了心一定要硬过律劳卑，他逮捕了一名“英商保人”通事和商船的掌舵，以还以颜色。律劳卑在众多英商和公行商人的再三请求下，无奈地下令将英舰撤走，并且离开广州开赴澳门。律劳卑在澳门没有待多久便因为“操劳过度、忧虑不安”而病故。

律劳卑的突然死亡无论是在中英贸易史上还是在中英关系史上都算是一件大事。英国政府认为，首任驻华商督在执行对华公务中客死他乡被内阁视作某种契机。这时巴麦尊开始考虑是否要占领中国的岛屿，并且要求中国赔款以及督促中国政府改变对英国官员不敬的态度等问题。

尤其让英国外交部注意的是，律劳卑在中国被困时曾经向英国政府发出的通报中写道：中国人在“极度的愚蠢思想和道德堕落之中，幻想着自己是世界上唯一的民族，而且全然不顾国际法的理论和实务”。他要求英国当局采用武力来改变中国的“天朝偏见”。这便是后来英国对华“炮舰外交”政策的发端。

同时中国的清廷也派出钦差调查此事，对卢坤的处置也没有表示异议，而且要求卢坤加大对《防范外夷贸易章程》的宣传力度，再三重申“外人信函”一律用“具禀”字样，并须交洋行代收，否则坚决不予受理。

三、林则徐问罪维多利亚女王

工业革命后，崛起的英伦三岛对东方财富的渴望更是日益加剧。英国非常执著地要打开中华帝国这个让他们期盼已久的大市场。自伊丽莎白一世起英国就开始提出与中国通商的要求，经历200多年以后终于发酵成为了可耻的鸦片战争。

在以往的中英贸易中，几乎一边倒的贸易逆差对于高傲的英国人来说简直就是一种残酷的折磨，他们怎么可能甘心长期处于劣势。于是他们绞尽脑汁地寻找一种使中国人离不开的东西，好用来占领这个庞大的市场。于是他们就选择了鸦片。

鸦片俗称大烟，是由罂粟果中的白色乳汁凝结而成，它含有特别的生物碱成分，也就是人们所共知的吗啡，其主要作用为镇痛、提神、止泻，但是如果服用过量的话，就会容易引起成瘾的反应，在医学上称为药物依赖。这种依赖可以使人体进入奇妙幻化的境界，成瘾后即难以戒除。这是对鸦片药效学术化的描述。史学家则更形象地称罂粟花为“魔鬼之花”，可谓是一语中的。英国人就是用这个“魔鬼”把中国人推到了绝境。

其实，鸦片是中国人早就熟悉的东西，只不过在中国它仅仅是被当做药来使用的，后来渐变成为一种麻醉剂。到1729年的时候，清朝的雍正皇帝首次颁布了禁烟的诏令。但是到19世纪初期，英国针对中国的鸦片贸易再度活跃了起来。

18世纪30年代，输入中国的鸦片约为200箱左右，到了60年代的时候，开始攀升到1000箱之巨，增加了整整4倍。此时，鸦片逐渐开始成为以英国为首的西方国家向中国输出的第一大宗商品。到了19世纪初期，输入中国的鸦片有4000箱以上，成为了当时世界上最大宗的单项贸易商品。而中国外流的白银也占到了出口总值的1/5。中国对英国的贸易开始出现逆差，并且达到了250万英镑的高峰值。鸦片贸易占据了英国对华贸易总额的60%以上，它带来的收入则提供了英印政府全部财政收入的1/7。鸦片贸易致使中华一千多万平方公里的庞大国土开始大片荒芜，底层的中国人民的生活陷入极度的困难之中。

一个号称全球最强盛的“日不落帝国”，竟然无耻地想到使用鸦片这种害人的毒品来打开另一个国家的市场，以逆转自己的贸易不利地位。这也算是世界上自有贸易以来最卑鄙最阴险的勾当了。

在第一次鸦片战争爆发前夕的1838年，清廷仍对是否禁绝鸦片贸易莫衷一是。弛禁派代表许乃济和禁烟派代表林则徐是这场争论的主角。

弛禁派认为，弛禁鸦片可以解决当前的财政危机，同时也可以防止白银大量外流。鸦片以药材纳税，以货易货；除官员、士子、兵丁不准吸食外，其他人不论，准令内地栽种罂粟，用以排减外商之利，不禁自绝。

而禁烟派则认为，鸦片已使数亿白银流入外洋，国库存银日少，严重破坏了当前的社会经济，大众吸食鸦片还致人伦尽丧，士兵因吸食鸦片萎靡而无法抵御外敌，危及了整个民族的安危。

清朝的道光皇帝最终还是采纳了林则徐的意见，并且特命林则徐为钦差大臣前往广州查禁鸦片。而且还嘱咐要“竭力查办，以清弊源，贩卖吸食，种种弊窦，必应随地随时，净绝根株。”

林则徐还给维多利亚女王写了一封信，陈述了清政府禁绝鸦片的理由，措辞非常严厉："英国人在中国贩卖鸦片是一种极不道德的行为。你们英国人自己不吸食鸦片，却要制造鸦片来引诱中国人购买，实在是不管他人的死活……我们的政府和人民决心要永远铲除鸦片烟毒，禁止吸食。你的属国印度也必须禁止生产鸦片，已经生产的，女王陛下必须立即搜缴，投入大海……中国的禁烟法律非常之厉害，如果你们不顾法律规定而继续制造鸦片，你们将在中国找不到任何买主。未来任何外国的船只只要携带鸦片，都将被烧毁。"

林则徐对鸦片的憎恨溢于言表。

林则徐在到达广州后，先在广州城的街市间巷私访，随后又审问了鸦片外商和参与鸦片贸易的中国人，严厉地申斥了行商在鸦片贸易中充当中间人角色的可耻行为，要求他们立即停止与英国的鸦片贸易，并且要求在3天之内把所有鸦片交到他的手里集中销毁，逾期不上交者将面临死罪。随后又迅速出示了一道措辞强硬的钦差令："所有的外商必须交出现存的全部鸦片，并具结保证以后永不夹带，如有违反并被盘查出来的话，则商船要被没收，船上所有的人员就地处决。"

英国的商务监督查理·义律派人给林则徐送去了一封信，表示愿意具结保证英国商船绝不再夹带鸦片。但是如果有英船违反了禁令，应按以下两点去处置：一、鸦片没收，但需给予一定的补偿；二、违法者不能就地处决，而应经公开审判才可定罪。但是林则徐丝毫不认同义律的建议，反而采取了更严厉的措施：如果不交出鸦片，政府将断绝对商馆的饮食供应。

义律在被包围了十几天以后，迫于生计的压力，不得不屈服于清政府，交出了他手中的全部鸦片，大约有140万公斤，但是拒绝具结。随后，义律通令所有的英国商人都撤离广州，退到澳门去。

此时的林则徐给远在北京的道光皇帝上了一个奏折，准备将收缴的鸦片运到北京城销毁，但是道光帝命他就地销毁。1839年6月，林则徐在虎门附近的海滩，把140万公斤的鸦片当众销毁，耗时整整23天。

四、“海盗的旗帜保护可耻的贸易”

而在此时，英商尚有多达5万箱的鸦片等待投放中国市场，林则徐的焚烟行动对他们来说简直就是灭顶之灾。之前，林则徐在广州收缴鸦片的消息传到印度的时候，鸦片的价格从顶峰时的每箱600美元立即跌至200美元。中英的关系开始处于极度紧张的状态。但英国朝野对鸦片贸易却是各执一词。反对的声音主要来自在野的“托利党”领袖威廉·格列斯顿勋爵，以他为首的议员们向英国教廷投诉，希望禁止鸦片贸易，他们认为鸦片贸易是大英帝国的耻辱。他们还坚持认为，大英帝国有必要去维护自己的国际道德和帝国荣誉。教会团体也反对向中国输出鸦片，他们向政府请愿，要求禁止鸦片贸易，与中国政府共同合作打击鸦片贸易。英国议会的下院也有部分人反对鸦片贸易和英国的对华政策。但是英国的首相巴麦尊执意要为他所代表的工业资本家打一场对华的战争，他把这些行为视为是积累政绩的赌注。于是，为了挑起战争，他蓄意制造了“英国产品被中国打压”的舆论氛围。他还在议会里蛊惑煽动，称英国商品在欧洲市场的占有份额已日渐萎缩，他有责任为强大的英国工业寻找庞大的海外市场，这些市场其中就包括整个亚洲，尤其是印度和中国这两个地域广阔且人口众多的国家，这对英国的长远利益来说，具有不可估量的价值。如果中国不接受我们的要求，就只能用武力强行去打开。

国会在经过三天的激烈辩论后，下院终以29票的微弱多数否决了反对对中国动武的议案，通过了“英商在中国的损失须达到满足的赔偿”的决议。

1840年6月，带给近代中国强烈屈辱印记的第一次鸦片战争终于爆发。英国印度舰队的司令官伯麦上校率领由16艘军舰、4艘武装汽艇、28艘运输舰、大小火炮540门和4000名士兵组成的英国东方远征军舰队到达珠江口，对中国海面实施封锁，大军压向中国的领海。然后，大部分兵力又开赴浙江。

7月6日，英军经过短时间炮击后便很快攻占了舟山群岛。《泰晤士报》以极其兴奋的语调晓谕英国的公众：大不列颠帝国国旗第一次在中华帝国的一部分版图上飘扬。英国政府在远东又增加了一块殖民地。

战事对中国很是不利。不利因素莫过于体制、制度、军事之类，但是有一点是至关重要的，那就是所谓的针对宗藩的国策。第一次鸦片战争前乃至追溯到更早的年代，中国的“对藩政策”（因为当时中国不承认存在与自己平等的国家，所以从没有“外交”一说）是以三个自认为是高明的论据为前提的：中国的国力足以保证自己在任何战争中都处于优势地位；中国具有使外来民族“开化”的特殊力量；中国的商品可以轻而易举地使外国人向中国俯首称臣。

英国发动战争，保护英国在华的贸易只是寻找一个借口，鸦片输出才是其真正需要的却又羞于讲出口的关键词。

威廉·格列斯顿勋爵曾公开指责：“这场战争从根本上就是非正义的……我们的国旗成了海盗的旗帜，它所保护的是可耻的鸦片贸易。因为英格兰对中国的种种恶行，上帝将审判英格兰。”

五、“万年合约”带来百年屈辱

高举禁烟大旗的林则徐被英国视为头号敌人。

当清朝政府在与英国的战争中屡吃败仗的时候，林则徐变成了这场战争的替罪羊。他先是被“交部严议，饬即回京”，途中又被奉旨“革职，仍回广东，备查问差委”，直至被发配新疆充军。

1841年1月20日，中英双方代表琦善和义律就在早已拟定好的《穿鼻草约》上签了字。如果说《南京条约》是中国近代最典型最深刻的耻辱印记，那么《穿鼻草约》就是始作俑者。

《穿鼻草约》规定：一、割让香港本岛及其港口给英国，但仍向中国缴纳所有正当税捐；二、中国补偿因没收英国商人的鸦片款六百万两白银；三、承认中英两国地位平等，今后应该采取对等直接的方式；四、广州港口在十日内开放，在黄埔进行贸易，至香港港口设备完成之日止。

几天后，琦善被革职，锁拿回京，家产查抄归公。

就在道光皇帝大为恼火之际，英国的维多利亚女王也同样接到了巴麦尊的一封告状信：大英帝国舰队已使中国完全屈服，义律竟敢置我们的训令于不顾，签署了这个极不适当的条约。当前的这些赔款远在被销毁的鸦片价格之下，而且对华战事的费用、公行的欠款一分未得，还放弃了已占领的舟山群岛。所谓的割让香港岛，仍需向中国缴纳捐税，如同澳门一样，根本就不是不列颠女王陛下的属地。在充满野心的巴麦尊看来，义律对中国人还是有些太客气了，既然已经交战了，还有什么可顾虑的?

英国内阁在琦善被革职的一个月后，同样也革了义律的职，也不批准《穿鼻草约》，改任璞鼎查为“特命全权公使兼对华商务总监”。

璞鼎查在《穿鼻草约》签署的半年多后到达香港，率2500多名英军官兵先后攻陷了厦门、定海、镇海、宁波，随后立即宣布香港和定海两地为“自由港”，准许英国及各国商船来往，不收关税。

1842年6月上旬，英军占领上海，再向镇江和南京进发。

道光帝任命耆英为钦差大臣，会同伊里布、牛鉴与英军谈判求和。为了表示诚意，也为了满足璞鼎查的虚荣心，耆英等三人一起登上英舰拜见。

1842年8月29日，中国对外关系史上第一个真正意义上的不平等条约《南京条约》签订。这个条约的正式名称被讽刺性地命名为了“万年和约”。但这个“和约”根本没能阻止以英国为首的列强对中国的侵吞和蚕食。

英国人的心情可以用狂喜来形容。它终于征服了中国，虽然说起来很不光彩，但这一切无关紧要，对这么一个崇尚功利的民族来说，号称“日不落帝国”的一流强国终于也可以与这个世界文明古国平起平坐了。这是几代英国人所渴望的，同样也是大英帝国在远东空前的收获。而东方的中国自此陷入了将近一个世纪的屈辱泥潭之中。国外一位历史学家写道：鸦片被放在驼背上带到了中国，而它最终折断了这个民族的脊梁。

附一：

《中英南京条约》签订的前前后后

1840年6月13日，林则徐在广州的虎门销烟，英帝国的侵略者为此悍然发动了侵略中国的鸦片战争。

一、硝烟北移，寇入长江

为牢牢地守住北京这个中国的中心，清政府只是在山东、河北沿海作了重点的防御却忽略了长江的防务。

5月，乍浦被英军攻陷。

6月中旬，长江门户吴淞又失守。

7月21日，镇江也落入英国人的手中。

8月4日，英军直逼两江总督所在地江宁，即今天的南京，并制定出了截断清朝南北漕运、再肆意要挟北京政府的狂妄计划。8月9日，70多艘英舰、4500名英军全部到达南京，并且完全控制了南京的江面，同时还摆出了登陆进攻南京的架势。

大敌当前，南京人民的爱国热情高涨，清朝的大臣赛尚阿有意仿效宋代的韩世忠在南京大败金兵的历史事迹，意欲据南京之险要位置而与英军决一死战。许多爱国的绅士也纷纷献计献策、出资出物。山阴人张澄斋慨然拿出自家的藏粟千石，倾尽家财供军需、救民饥。江浦、六合、全椒、来安等地富绅也是一呼百应，集资购备木排，将燕子矶等处的江口堵塞，然后计划运载芦苇、火药、硫黄等物，顺流而下，围烧敌船。江浦县令获悉这些情况后，迅速禀告两江总督牛鉴。而牛鉴是何许人也？吴淞、镇江的战役中他就是有名的败军之将，自然唯恐出乱，急忙制止。

当时南京城内的驻军加上外地增援的部队共约6000名。湖北提督刘允孝、徐州总兵王志元带兵2600百名防守仪凤门；两江总兵李绮带1000兵丁防守汉西门、水西门一带；900多名河南兵中约有300多人守汉西、太平两门，500多人屯扎鼓楼、菜市两处。刘允孝、王志元其实和牛鉴一样，都曾率军临阵脱逃过。南京的城垣全长约60多里，还有许多的军事要地，用这些残军败将来守卫，连道光帝都说："无人、无兵、无船，奈何？奈何？"而且道光帝还害怕国内人民会借此机会起来推翻清朝的统治，遂由过去的忽战忽和变为一味地求和乞降。他逐渐起用投降派的大臣，任命广州将军耆英署理杭州将军，并加以钦差大臣的头衔，同时还有前钦差大臣伊里布、两江总督牛鉴。他们三人组成了南京防务中的首席三宪。

二、媾和议约丧权辱国

8月4日，英军的司令巴加、郭富照会牛鉴："征银三百万两，则本军门等应准不攻进城内。"牛鉴先答应了交纳赎城费60万两，其余条款要与即将到南京的伊里布商榷。

8月6日，伊里布来到南京。他派家人张喜偕外委陈志刚、刘建勋等人携照会前往英舰洽谈时，英国译员马儒翰非常傲慢地说："今日之事，非昔日可比，我们必须打破了南京，一路上去，打了安徽、江西、湖广，取了四川；一面分船由天津攻到北京才好讲话。"还说："给了赎城银子，赔了烟价，给了战费准了马（码）头，便可了事。"伊里布的家人张喜听到此番话后勃然大怒，拍案而起道："如果英军真的要扩大战火，皇上震怒，下诏全民皆兵，并乘天旱江水消退之际，将长江下游航道堵塞，从上游施放火船，则恐尔等一人不归，片板不返！"议和到此时毫无结果。由于张喜词锋锐利，到谈判的后期，大臣们怕他坏了事，便不让他参与实质性内容的谈判。

8月12日，众大臣派领塔芬布和张喜、陈志刚等带双衔照会前往英舰。当天双方代表达成协议，在城外下关狮子山西侧的静海寺议约。

当时，前来静海寺的英方人员有总领事麻恭等4人。经过张喜与英人的一番讨价还价后，英方把所要求条件开列清单，其中主要内容有：一、索赔款2100百万，当年先交600万，其余分期付清；二、索要香港，并要在广州、福州、厦门、宁波、上海通商；三、中英官员以平行礼相见。这个协议可以说是《南京条约》的雏形。

可是英军突然获悉，城中新到满、汉大军，于是立即换悬红旗并将能发射九磅弹的大炮及短炮，安放于迈皋桥，准备明晨攻太平门，声势浩大。三宪魂飞魄散，连夜草书致复于英舰，对英方所开各条款完全接受。

8月17日，英方的译员、传教士郭士立又提出修改和约的要求，除前三条外，又增加了十数条，共十三条。至此，《南京条约》的条款基本形成。

8月20日，中方耆英、伊里布和牛鉴受英军最高指挥官璞鼎查之约，参观英舰。回来后三宪立即向道光帝上奏：该夷船坚炮猛，初尚得之传闻，今既亲上其船，目睹其炮，盖知非兵力所能制伏。道光帝则在奏折中指示："……念生民之涂炭，抑遏勉从。"投降派君臣就这样被敌人的洋枪洋炮吓破了胆。

8月26日，英方人员在盛迎之下，从汉西门进城，至上江考棚赴宴并与清朝官员会谈。投降派对英方提出的要求，除了福州通商和舟山撤军这两个问题外，其余条款完全接受。连英人都说："在欧洲，外交官们极为重视的条约中的字句与语法，中国的代表们并不仔细审查，一览即了。"璞鼎查还提出一个谬论：中国应当对引起战争的鸦片贸易问题负责，而且今后应使鸦片进口合法化。中国代表不仅没有反对，还立即承认这种说法言之有理。

清朝的投降派不仅卖国，还把中国人民的道义都给出卖了。

8月29日上午11时，耆英、伊里布、牛鉴率领黄恩彤、鹿泽长、舒恭受、咸龄及张喜等人，再次登上英军旗舰“康华丽”号。中国近代史上第一个不平等条约就在这里“被”签订了。

三、山河破碎奋起抗争

英勇的中国人民是不会任人宰割的。在中英双方多次议约期间，寓居在南京的爱国学者包世臣就写成了《歼夷议》，提出全歼英军的作战方案。包世臣将自己的《歼夷议》交给爱国将领陈平川密呈牛鉴，但是投降派却拒不采纳。陈平川也因此气愤吐血，长病不起。

9月29日，璞鼎查等英军头目进城辞行时，有位中国下级爱国官吏怒火中烧，建议用武力劫持这帮侵略者，却遭到牛鉴的怒骂。

《南京条约》签订的消息传到香港时，更是激发了民族志士的愤怒。黎进福、石玉福等人带领三千余人，投回内地，修筑炮台，把守虎门，准备在12月底分头出击，引敌深入虎门，然后截其归路，袭击返回香港的英国军舰。居住在香港的同胞也准备做内应，一举收复香港。但当一切计划都准备好时，却被当时的两广总督发觉后断然制止。

1843年，港英政府在香港成立。英国人在这里修筑码头，设关收税，要求内地商人到港贸易。但粤东人民决心要收复香港，不肯和英方合作。1844年，港英政府通过“人头税”法案，即令香港居民每年到警察局登记一次，并缴纳税款每人1～5元。香港华人坚决反对，并发动罢工。10月30日，三千多香港人举行了罢工，罢工持续了三个月之久。港英政府只得延缓征收人头税。英国人至今回忆说：“广东人民不比其他新开埠的居民，对英国人有不解之仇。”

附二：

中俄《瑷珲条约》的背后

早在彼得大帝之时，俄国政府就讨论过俄国应具有哪些必不可少的海岸据点。彼得大帝就直言不讳地指出：“黑龙江口。”叶卡捷琳娜二世更是狂傲地宣称：“要是不把土耳其人驱逐出欧洲，不把中国的傲慢加以制服，不同印度建立贸易关系，我是死不瞑目的。”

1825年尼古拉一世登基后，他便决心“用武力为俄国的商业开辟新的通向东方的道路”。因此，他急于选定一个人来执行这一任务。1847年，在与穆拉维约夫谈话之后，尼古拉一世确定，穆拉维约夫便是完成“俄国的黑龙江”的最佳人选。穆拉维约夫果然不负使命，他一到东西伯利亚，就对那里混乱的秩序进行了彻底的整治。他当着伊尔库茨克全体官员的面，免去了贪污腐化的省长别特尼茨基的职务，并宣布改革外贝加尔边区。1852年夏，他又为外贝加尔哥萨克军队授旗，任命扎渡单斯基少将为哥萨克的统领；1854年，他又命令轻便的区舰队涉石勒喀河和额尔古纳河下水……

在穆拉维约夫举起大刀杀向黑龙江之时，作为黑龙江将军的奕山却命令部下："随机应变以期勿滋事端。"其实，奕山这种愚蠢的举动早在第一次鸦片战争时期就表现得淋漓尽致。当年英军急攻广州时，奕山竟派道士登城作法声称："以乌鸡白狗血破之。"结果广州沦陷，还被迫与英国签订了屈辱的《广州条约》。由这样的官吏来主持黑龙江事务，失败是难免的。

1849年5月30日，沙俄军舰"贝加尔"号从阿瓦克拔锚起航，在军官涅维尔斯科依的率领下，驶向了萨哈林东部海岸，然后从那里直航其目的地——黑北江口。而当时的中国官员却对此事不闻不问。

1853年4月，涅维尔斯科依率领的"阿穆尔特别考察队"迅速占领了迭卡斯特里湾和奇集湖，这些地方被俄国称为"黑龙江的第二河口"。同年5月6日，穆拉维约夫又在黑龙江口建立了由第四十六海军陆战队的一个连和外贝加尔哥萨克的一个连组成的哥萨克海军部队。就连尼古拉一世都说："穆拉维约夫呀，总有一天你会为阿穆尔发疯的。"

正当穆拉维约夫在黑龙江上飞扬跋扈、恣意妄为之时，他们的行动遭到了英法联军的遏制。1854年，一场为争夺中国东北领土的狗咬狗的恶斗开始了。满载700名英、法士兵的23只轮船和两艘登陆艇扑向俄军在黑龙江口的阵地。俄军困兽犹斗，竟然打败了英法联军。从那以后，黑龙江就变成俄国的了。

1855年，在俄国的军事部署占绝对优势的情况下，穆拉维约夫致文中国理藩院："我国伟大的皇帝陛下不仅关心本国的领土与臣民，而且希望维护200多年来同我友好相处的邻邦大清国的利益，故于不久前降旨饬令本东西伯利亚总督率领足够数量的军队，携带大小火炮及其他物资，一俟冰化，立即开赴东海，歼灭阴险自私的英国人。本总督接到陛下谕旨，诚惶诚恐，遵照执行去黑龙江口考察，10月方能返回。若理藩院肯将回文送至黑龙江口，则本总督乐于在该地处理此一要事（即划界问题）。"另一方面又暗中致函陆军大臣，向黑龙江中游一带俄军兵力较弱处火速增兵，"因为那一带虽未正式划定界限，但我们……认为是属于俄国的。"

在穆拉维约夫咄咄逼人的声势下，清政府于1855年8月被迫派出以奕格为首席代表的谈判团去解决划界问题，谈判地点是穆拉维约夫指定的松花江口。在谈判中，俄国提出："俄国拨出巨款，苦心经营阿穆尔防务，绝非权宜之计。俄国在黑龙江口集结的兵力和构筑的永久性工事，还要进一步加强，以保卫该地不受任何外国的侵犯。因此，第一，俄国为此目的而在该地占据的一切地方以及整个沿海地区应该永归俄国所有；第二，为使俄国在黑龙江口的军队和要塞冬夏不断地同内地各省保持必要的交通联系，俄国必须在整个阿穆尔（黑龙江）左岸设立居民地，而阿穆尔正是一条最无可争辩的天然疆界。"尽管这是极其不平等的谈判，但清政府还是提出以1853年6月俄国枢密院致中国理藩院文译本为淡判方案。也就是说“俄罗斯帝国与大清国分界处所自固尔毕齐河（即格尔必齐河）之东山后边，系俄罗斯地方。山之西边系大清国地方”。这稍稍为清朝争回了一点颜面。尽管在谈判桌上没有达到预期目的，但穆拉维约夫并未在意，反而加速了向下游及河口的运输和出兵工作。而作为中国吉林将军的奕格在这种危急时刻却提出辞职。其理由为：“俄国船只过境之消息，使我十分震惊，以至体温剧增，头晕目眩，耳聋心跳，若非家人扶持早已昏倒在地。从此一病不起，将无痊愈希望。”清朝官员的胆怯恐惧反过来又助长了沙俄的侵略气焰。

1857年，沙俄政府利用第二次鸦片战争和太平天国运动再次威胁清政府：“为尽速解决中俄两国之间发生的一切问题并为防止中国内乱和外患波及我陆海边岸起见，皇帝陛下认为有必要立即派遣深受皇帝信赖的侍从将军普提雅廷伯爵赴华，授予他全权进行谈判，并处理有关俄中两国的一切事宜。”

普提雅廷向清政府递交的《俄罗斯咨文》中声称：“东北至海，西至伊犁等处，两国接壤极多，遗有未定界址。现在阻止在该处居住，恐起事端。即应复行商定界址。敝国以事为要……”这大大损害了大清王朝的尊严，咸丰皇帝龙颜大怒，果断地加以拒绝。沙俄政府紧急召回在巴黎养病的穆拉维约夫，命令他于1858年初赶到伊尔库茨克部署军事行动，而普提雅廷则继续留在中国的沿海观察动静。这时清政府正处于内外交困的情形下，英法联军直逼天津城下并扬言要进攻北京。因此，清廷派出了以奕山为代表的谈判团前往瑷珲与穆拉维约夫进行谈判。谈判中，穆拉维约夫先发制人把谈判的地点结雅镇改名为布拉戈维申斯克，并且报告了俄国政府。而中方代表却幼稚地问穆拉维约夫有无孩子，并说“一个立了巨大功勋的人总要能把光荣留传给后代才好”。中方谈判代表的这些卑躬屈膝的表现使得“俄国人中间的气氛是自信而快乐”，也就是在这“快乐的气氛”中，奕山不加考虑地在俄国人提出的条约上签了字，这就是丧权辱国的中俄《瑷珲条约》。

第五节　救亡图存的运动

“穷则变，变则通”是古老中国的优良传统。“君子从自强不息”的底蕴，便是奋发有为、积极进取。但大一统思想降临中国以后，一个个民贼独夫创造了一个个荒唐离奇的“祖宗家法”。于是“家法”代替了国法，国强代替了自强。长此以往，个人的创造性泯灭了，国强也成为空谈。当西方列强劈海东来之际，中国人忽然想起了自强。于是，就有了自强运动。

当鸦片战争的战火刚刚熄灭后，就有数量极少的先知者开始认识到一场华夏历史上前所未有的时代大变局已经不动声色地来到了近前。但这种超前的认识理所当然地不能受到中央政府及地方当局之高度重视，也不会在民间得以流传。直到1860年的这20年中，除了中央政府的极个别优秀官员和极个别具有远见卓识的知识分子之外，绝大多数中国人显然并没有充分认识到鸦片战争之后的中国危机的严重性。

魏源、林则徐等先进人士的时代危机感，被突然而来的太平天国起义掩盖得无声无息。当国难当头之际，中国的上层社会与下层社会人士都没有来得及对中国未来处境进行严肃思考，就演出了一场血流遍野的民族内部大厮杀。这场重要的历史变故，严重地干扰了中央政府以及中国上层官员和知识界对西方现代化应有的重视，对整个民族的未来发展产生了极端重要的消极影响。直至中国最精锐的部队在第二次鸦片战争中惨败，以至于京师失守、皇帝逃难，才终于引起了中国朝野人士的高度警觉。这次发生在京师的中外武装冲突，使中国的一切传统战略和策略在西方的强大武力面前一败涂地。人们在圆明园燃烧的烈焰中看到了祖国的危机。恰如奕䜣所说："自古中国与外国联合，从无善策。况今日外国逼处于中国都城，而又滨海沿江要害之区，节节盘踞，实为创局。"

基于对变局的深刻认识，奕䜣进一步对中央政府的错误决策以及前后矛盾的态度，提出了委婉的批评，"窃谓大沽未败以前，其时可剿而亦可抚；大沽既败而后，其时能抚而不能剿；至夷兵入城，战守一无足恃，则剿亦害，抚亦害。就两者轻重论之，不得不权宜办理，以救目前之急。自换约以后，该夷退回天津，纷纷南驶，而所请尚执条约为据，是该夷并不利我土地人民，犹可以信义笼络，驯服其性，自图振兴。""如不胜其忿而与之为仇，则有旦夕之变；若忘其为害而全不设备，则贻子孙之忧。""就今日之势论之，发捻交乘，心腹之害也；俄国壤地相接，有蚕食上国之志，肘腋之患也；英国志在通商，不为限制，则无以自立，肢体之患也。故灭发捻为先，治俄次之，治英又次之。"以中国当日的处境而言，奕䜣的看法是接近事实的。第二次鸦片战争之前，中国对付西方列强，尚可以在战与和之间进行比较主动的选择。中国虽然是弱国，却还拥有进行选择的能力，西方列强也并不否认中国政府的这种能力。第二次鸦片战争后，中国不但已经无力再战，而且大一统的国家所有的弱点都已表露无遗，就只有和谈妥协之一种选择了。对执政者来说，太平天国与捻军是中央政府势不两立的敌人，不彻底剿灭则无以维持国家政权之存在。英国人远道而来，至少在当时不具备灭亡中国的可能。所以，从国家的战略安全角度考虑，奕䜣振兴中国军事的重点次序是相当合理的。

经历了两次鸦片战争的惨痛教训，中央政府的上层官员们开始意识到西方人的东进并不是一次孤立的事件，而是一个与中国文化体系完全不同而且互相对立的异种文化出现在中国本土，他们从海上席卷而来，现在已经威胁到了中国内陆腹地。中国某些先进人物的视野开始朦胧地看到中国的未来危机。李鸿章认为西方人东来使中国“面临三千年来未有之大变局”，他指出：“历代备边，多在西北，其强弱之势，主客之形，皆适相埒。且犹有中外界限。今则东南海疆万余里，各国通商传教，往来自如，麇集京师，及各省腹地，阳托和好之名，阴怀吞噬之计，一国生事，诸国构煽，实惟数千年来未有之变局。轮船电报之速，瞬息千里，军器机事之特，工力百倍，又为数千年来未有之强敌。外患之乘，变幻如此，而我犹欲以成法制之，譬如医者疗疾，不问何症，概投之以古方，诚未见其效也。庚申以后，夷势骎骎内向，薄海冠带之伦，莫不发愤慷慨，争言驱逐。局外之訾议，既不悉局中之艰难，及询以自强何术，御侮何能，则茫然靡所依据。……但欲逞意气于孤注之掷，岂非视国家如儿戏耶！”李鸿章的看法颇能代表当时一些明智的上层知识分子官员的看法，他们试图把握主动，力争以最快的速度挽回中国被动挨打的不利局面。对于西方的全面进步，以久居东南沿海的王韬认识最为深刻，他的看法是：“当今光气大开，远方毕至，海舶估艘，羽集鳞萃，欧洲诸帮，几于国有其人，商居其利，凡前史之所未载，亘古之所未通，无不款关而求互市，我朝亦尽牢笼羁縻之，概与之通和立约。近闻吕宋日本又将入请矣。合地球东西南朔九万里之遥，胥聚于我一中国之中，此古今之创事，天地之变局。”

自强运动首脑人物们认识的高度显然已经超过了魏源、林则徐等人。随着中国局势的日益恶化，他们普遍认识到西方人东来所造成的对中国之严重威胁，并不仅仅涉及军事国防方面，而是多方面之严重影响。但扭转中国的被动局面，却只能从军事国防方面入手。正是在这样的认识之激励下，自强运动拉开了序幕。

曾国藩、李鸿章这些人在长期作战的过程中，曾经亲眼目睹了西方人火器的厉害，也目睹了中国社会内部的叛乱已呈方兴未艾之势，未来中国正处于国难不已的严峻时刻，这是当时的仁人志士为之痛心不已的事情。所以，从师法洋人之长技入手，改变中国积弱的局面，成为有识之士的共识。

曾国藩于咸丰十一年（1861年）上奏折说：“轮船之速，洋炮之远，在英、法则夸其所独有，在中华则震于所罕见。若能陆续购买，据为己物，在中华，则见惯而不惊；在英、法，亦渐失其所恃。”1862年，曾国藩攻克军事重镇安庆后，立即兴办了安庆内军械所。

事实上，当时中国已经历了第二次鸦片战争，圆明园被八国联军毁于一炬，咸丰皇帝在热河一病不起，沙俄乘机强行讹诈中国领土多达一百万平方公里，中国局面已经危乎殆矣。对于曾国藩这样具有浓厚儒学思想的朝廷重臣来说，在大局破碎之际，他不可能再拘泥于区区“华夷之辨”的古老传统。在镇压太平天国的时候，他已开始把目光投向中国军事国防的现代化建设上了，并且亲手拉开了中国自强运动的序幕。曾国藩的自强运动，远在二十年前魏源就已提出，如今内忧外患之际，又重新抬头。但这次的提出与魏源时代有所不同，一是中国的危机进一步加深，无论“攘外必先安内”，还是“安内必先攘外”，都势在必行地需要采用西学；二是曾国藩、李鸿章这些人远非魏源一介书生可以相比，他们在镇压太平天国的过程中，已经拥有了雄厚的政治、经济实力，他们凭借这种优势，完全可以将魏源理论上的东西变成为现实。

鸦片战争使清政府陷于内焦外困之中无力自拔，对自强运动显然不仅兴趣很大而且期待亦殷。咸丰皇帝是个集权主义者，对西方列强的得寸进尺，他采取了比较激进的做法，但结果是不但没能驱逐列强，反而进一步加剧了国家的政治危机。太平天国运动与英法联军的侵略，使中国支离破碎。所以中央政府在咸丰晚期已经被迫改弦易辙。1861年设立总理各国事务衙门，标志着中国自强运动的开端。在慈禧太后、奕䜣主政后，中央政府进一步态度明朗地支持在各地兴起的自强运动。

中央的态度既然明朗化，已经拥有地方实权的督抚们，便也开始逐步采取了实际行动。李鸿章在上海开辟进攻南京的第二战场时，毅然在新建淮军中成立了洋枪队和开花炮队，并在苏州先后设立三个炮局制造炮弹。曾国藩、李鸿章等人不约而同地把维新的重点放在军事方面。这是因为西方文明在中国的传播是依靠军事力量而得以成功的，中国人在没有感觉到西方文明的优越性之前，就已经备尝了西方武力进攻的苦头。所以李鸿章认为“西人专恃其枪、炮、轮船之精利独绝，故能横行于中土。……居今日而曰攘夷，曰驱逐出境，固虚妄之论。即欲保和局，守疆土，亦非无具而能保守之也。彼方日出其技，与我争雄竞胜，挈长较短，以相角而相凌，则我岂可一日无之哉？自强之道，在乎师其所能，夺其所恃耳。”

军事工业的发展进行到19世纪70年代以后，李鸿章认识到了单纯地追求西方军事武器，是难以取得良好效果的，西欧人不仅是靠枪炮来称霸世界的，在枪炮的背后还需要强大的经济支持。于是他开始从造船造炮转移到招商经营。1872年，他为了筹办招商局而上书总理衙门，奏明他办招商局的目的：“一则为领用官船张本，一则为搭漕运起见，于国计固有裨助。又中国长江外海生意，全被洋人轮船夹板占有，近年华商殷实、黠者，多附洋商名下。如旗昌、金利源等行，华人股份居其大半，闻本利不肯结算，暗受洋人盘折之亏，官司不能过问，若正名定分，立有华商轮船公局，暂准照新关章程，完税免厘，略予便宜。至揽载货物，起岸后仍照常捐厘，于饷源无甚窒碍，而使华商不至皆变为洋商，实足尊国体而弭隐患，犹为计之得者。”

洋务运动如果完全不能达到使中国“富”，则很难说一定会让中国“强”。1882年，李鸿章在试办织布局的奏折中，提出“先富后强”的看法，他说：“臣维古今国势，必先富而后强，尤必富在民生，而国本乃可益固。各国制造均用机器，较中国土货成与人工者，省费倍蓰售价既廉，行销愈广。自非逐渐设法仿造，自为运销，不足以分其利权。”

1894年中国和日本开战，中日甲午战争的结果却是以中国北洋水师的全军覆没而告终，这标志着洋务运动的全面失败。**对于中国人来说，洋务运动无疑是被西方侵略者强加于中国社会的被动选择，而不是由中国社会生产力发展到一定程度后所孕育、产生的运动**。洋务运动的所有领导人物和中坚分子，都出身于中国传统社会中的士大夫阶层，他们对西方以及西方文化有一种近乎天然的敌视和排拒心理，他们进入现代化路途之步履蹒跚、犹豫徘徊、瞻前顾后，实亦乃极正常之行为。晚清时期所有仁人志士们所面临的那种狼狈尴尬和进退维谷的处境，一百多年过去了，人们仍然能够切身体会到。

与以往一样，中国的传统士大夫勉强充当了为新体制开路的角色。与中国传统观念分道扬镳的洋务运动，正是在这样的大背景下静悄悄地拉开的序幕。其中为现代人所熟知的早期代表人物有奕䜣、曾国藩、左宗棠、沈葆桢、李鸿章等，其中以曾国藩、李鸿章、左宗棠、沈葆桢、刘铭传等封疆大吏最为有名。曾国藩的早逝，使洋务运动缺少了一个具有强烈感召力的领袖人物，致使各地工业化之开展因力量分散而不能成系统；而且，各地不断兴起的新兴工业，缺少了中央政府的统一规划，结果转变成地方大吏的私人资本，这样就削弱了中央政府领导地方的力量，为后来的军阀割据埋下了隐患；尤为严重的是北方进行的军事革新与南方进行的工业革新彼此各立门户，相互之间难以协调，最终导致南北对立之局，这是洋务运动不能获得成功的致命弱点。这起历时三十余年的富国强兵的运动最终没有获得成功，随着发起这起运动的重要领袖人物的先后辞世而无疾而终。缕析近代史，每每使人有一种惘然若失之感。洋务运动结束之后，中国的统治阶级内部发生了严重分裂，以慈禧太后为首的守旧派沿着当年林则徐、魏源等人发动民众的思路，幻想以义和团来驱逐列强的势力，结果演出了19世纪末20世纪初中国最凄惨的一幕闹剧。

附：

清廷的“大管家”奕䜣

在《李鸿章全集》的《朋僚函稿》卷十七中，有李鸿章回复中国驻英公使郭嵩焘的一封信，其中谈到洋务运动：“西洋政教规模，弟虽未至其地，留心咨访考究几二十年，亦略闻梗概。自同治十三年（1874年）海防议起，鸿章即历陈煤铁矿必须开挖；电线、铁路必应仿设；各海口应添洋学格致书馆，以造就人才。

其时，文相（指文祥）且笑存之，廷臣会议皆不置可否，王孝凤（太常寺少卿）、于莲舫（通政使）独痛诋之。曾记是年冬底赴京叩谒梓宫，谒昭恭邸（指恭亲王奕䜣），极陈铁路利益，请先试造清江至京（铁路），以便南北转输，（恭）邸意亦以为然，谓无人敢主持。复请其乘间为两宫（指东宫、西宫太后）言之，渠（指奕䜣）谓两宫亦不能定此大计，从此遂绝口不谈矣。”

通过这段话，我们可以看出，李鸿章提出的一系列洋务主张，总理衙门大臣文祥笑而不答；御前大臣会议争论一番却也不予定论。而当李鸿章直接向恭亲王奕䜣面陈时，奕䜣则表示理解和支持，却仍然担心“无人敢主持”。李鸿章请恭亲王向两太后进言，但由于清廷内的顽固派“痛诋”洋务主张，这次进言落得个“两宫不能定此大计”的结果。可见洋务运动施行之艰难。

从上面的文字中也可以看到当时清廷议政决策的机制与程序——自从咸丰皇帝在热河驾崩，恭亲王以力挽社稷于倾颓的大智大勇协助慈禧太后一举粉碎肃顺集团夺得政权以后，就形成了太后垂帘、亲王辅政的格局。咸丰帝在重病时曾密谕：“准奕䜣得承制封拜，便宜行事，并准其世子孙亦得承制封拜，便宜行事。”皇帝授予奕䜣如此大的权力，是希望他日后能钳制野心勃勃的慈禧太后。两太后感谢奕䜣“为国除奸，劳苦功高”，也给了奕䜣很大的权力——授奕䜣为议政王，在军机处行走。并任命奕䜣为宗人府宗令和总管内务府大臣，也就是说他执掌了皇室的族长权和成为宫廷的当家人。年方三十的奕䜣，肩负着军事、行政、财务、皇族宫廷等各方面的权力，又主持着外交机构——总理各国事务衙门，可谓诸权集于一身。

尽管如此，奕䜣仍然小心谨慎。他知道，在这个新的体制下，亲王辅政取得的只是议政和施政的权利，而两宫太后才真正掌握着审核和裁决的最高权力。在肃顺集团阴谋篡权夺位的严峻关头，两宫太后唯一的指望就是恭亲王挺身而出。而在粉碎肃顺集团之后，两宫太后身居权力巅峰，羽翼已丰。奕䜣则成为了她们“开涮”的对象。

清廷的中流砥柱曾国藩

曾国藩初名子城，字伯涵，号涤生，谥文正，湖南省长沙府湘乡县人。6岁时入私塾读书，8岁能读八股文、能诵五经，14岁时能读周礼、史记文选，并参加了长沙的童子试，成绩俱佳，并被列为优等。可见他自幼天资聪明，勤奋好学。至道光十二年（1832年），他考上了秀才，并和欧阳沧溟之女成婚。后来，连考两次会试不中。直到28岁时，也就是道光十八年，他考中了同进士。从此之后，可谓平步青云。他首先成为了军机大臣穆彰阿的得意门生。在京的十多年间，他先后任翰林院庶吉士，累迁侍读、侍讲学士、文渊阁值阁事、内阁学士、稽察中书科事务、礼部侍郎及署兵部、工部、刑部、吏部侍郎等职。最终，他升迁到二品官位。十年七迁，连跃十级。咸丰二年（1852年），曾国藩因母丧在家。这时太平天国的起义已席卷了半个中国。尽管清政府从全国各地调集了大量八旗、绿营官兵来对付太平军，可是这支腐朽的武装不堪一击。因此，清政府多次颁发奖励团练的命令，希望利用各地的地主武装来遏制革命势力的发展。这就为曾国藩的湘军的出现，提供了一个绝好的机会。咸丰三年（1853年），借着清政府寻求力量镇压太平天国的大好时机，曾国藩因势在其家乡湖南一带，依靠师徒、亲戚、好友等复杂的人际关系，建立起了一支地方团练，称为湘军。1854年2月，湘军倾巢出动，曾国藩还发表了《讨粤匪檄》。在这篇檄文里，他攻击太平天国农民运动是“荼毒生灵”，“举中国数千年礼义人伦诗书典则，一旦扫地荡尽。此岂独我大清之奇变，乃开辟以来名教之奇变，我孔子、孟子之所痛哭于九原”。接着他又号召“凡读书识字者，又乌可袖手安坐，不思一为之所也”。曾国藩残酷地镇压了太平天国起义，历史上记载：“派知州一人，照磨一人承审匪类，解到重则立决，轻则毙之杖下，又轻则鞭之千百。……案至即时讯供，即时正法，亦无所期待迁延。”不仅他自己杀人，他的父亲和四弟也杀人，所以有人责其杀人过多，称他为“曾剃头”、“曾屠户”。在和太平军的战斗中，曾国藩用劫掠财物、封官赏爵的办法来鼓舞士气，从而养成了湘军凶悍残忍的本性。从此，湘军在军事素质落后的清朝武装力量中成为中国南方地区“与太平天国军事力量作战的主力之一”。曾国藩也因此被封为一等勇毅侯，成为清代以文人而封武侯的第一人。后历任两江总督、直隶总督，官居一品。1864年，湘军在其弟曾国荃的率领下攻下天京，成功地镇压了太平天国运动。

晚清重臣左宗棠

左宗棠是中国晚清的军政重臣，湘军的统帅之一，也是洋务派的首领。字季高，一字朴存，号湘上农人。湖南湘阴人。1832年（道光十二年）中举。1851年（咸丰元年）太平天国起义后，先后入湖南巡抚张亮基、骆秉章幕，为抗拒太平军多有筹划。为抓住展示才能的机会，他经常为一件小事而与人大吵大闹；在当上巡抚，官及三品之后，他的脾气却越来越小。“穷困潦倒之时，不被人欺；飞黄腾达之日，不被人嫉。”这句著名的话就是他说的。1856年，因接济曾国藩的湘军而被任命为兵部郎中。1860年，太平军攻破江南大营，他跟随钦差大臣、两江总督曾国藩办理军务。曾国藩在湖南招募了5000人，组成楚军，赴江西、安徽与太平军作战。1861年太平军攻克杭州后，曾国藩推荐他为浙江巡抚，并奉命督办军务。1862年，他组织建成了中法混合军 ，称常捷军 ，并扩充了中英混合军，先后攻陷金华、绍兴等地，升闽浙总督。1864年3月攻陷杭州，控制浙江全境，又被封为一等恪靖伯。后率军入江西、福建追击太平军李世贤、汪海洋部，至1866年2月在广东嘉应州（今梅县）击败太平军。1865年被任命为闽浙总督。1866年上奏请设局监造轮船 ，获得批准，并建立了福州船政局，这也成为中国第一个新式造船厂。1867年，左宗棠奉命为钦差大臣，督办陕甘军务，率军入陕西攻剿了西捻军和西北反清回民军，成功镇压了陕甘回民起义。

官瘾极大的李鸿章

后人都说李鸿章会做官。其实，他的为官成功之道非常简单，就是拼命地干，拼命地提出建议，拼命地提拔人，拼命地储备那些能“为我所用”的人才，拼命地与同僚沟通，拼命地巴结对他工作前途有重要作用的人物。

这个人从未成功地推托过一件棘手的事。查他的记录，似乎只有《马关条约》签字之后，去台湾和日本人交割一事让他以“枪伤未愈”成功地逃脱了。在大多数情况下，朝廷总是说:“世沐恩泽，不得推脱！”而他便乖乖地去做了。你可以说他是“我不入地狱，谁入地狱？”你也可以说他是聪明一时，糊涂一世。可他确实是大清国的大忙人。

李鸿章这个人为了仕途顺利，拼命地巴结重要人物，拼命地写信与同僚沟通。别看他私下嫌张之洞啰嗦，浪费拍电报的银子，可他却常常和张之洞沟通，还共同完成了“东南协保”一事。同样，他和翁同龢不对眼，但却一口一个翁师父，还让子女暗地里和翁家走动联络感情。这些都是他拉拢人心、减少摩擦的为官手段。

对上呢，他和恭亲王以及文祥是晚清时代最好的工作伙伴。但是这样的关系是可遇而不可求的，在大多数情况下，他和上级是话不投机半句多。可是李鸿章能屈能伸，忍性极强。他的名言是“受尽天下百官气，养就胸中一段春”。有人说他是“事事曲承太后与军机王公大臣，不惜损海军以媚上”。比如他骨子里看不起老糊涂醇亲王，但是人家是光绪皇帝的亲爹，李鸿章就竭力打报告，让醇亲王来领导海军。果然，关系理顺了，李鸿章却成了实际上的海军司令，醇亲王只不过是一个摆设。

第六节　甲午风云下的戊戌更新

一、远东战火

英国自1840年用大炮轰开中国的国门之后，欧美列强也跟随着英国堂而皇之地劫掠中国。日本在早期虽也受到美国的抢劫，但是他们看到了中国在鸦片战争中的惨败，也看到了清朝政府的腐败，尤其是政治制度的落后成为中国走上富强道路的绊脚石。洋务运动搞了30多年，不见中国之工业有任何改进，“求富”、“自强”成为了名副其实的空口号，没能挽救中国的命运，却为一些人中饱私囊提供了捷径。洋务运动的失败再一次说明了中国之制度的改变已经迫在眉睫了。而此时与我们隔海相望的日本国通过明治维新，走上了自强的道路。变法成功的日本，不甘居于东北亚一隅，把目光放在了整个东北亚，几千年来中国主宰的亚洲格局被日本的崛起改变了。这不仅是因为日本看到了中国的软弱，也因为工业的崛起推动日本必须有更多的原料以满足快速发展的工业需求。

1894年朝鲜爆发东学党农民起义，朝鲜政府请求清政府派兵协助镇压。日本政府借口帮助朝鲜政府也派出了自己的部队。当中日两国向朝鲜发兵时，朝鲜政府已经接受了东学党起义军提出的要求，双方签订了休战和约，而起义军也已经退出了全州。当时，朝鲜的内战实际上已经停止，清军到达朝鲜后，并未与东学党起义军交战。朝鲜政府为解除日本出兵的借口，在当年6月13日请求中国撤兵。日本虽已失去出兵朝鲜的借口，但仍然决心扩大事端，促成中日关系的破裂。所以，它不仅拒绝撤兵，反而向朝鲜增派了更多的军队，并提出了所谓的共同“改革”朝鲜内政的方案，以达到既赖在朝鲜不走又拖住中国军队的双重目的。于是日本在19日和20日连续提出了强硬要求，迫使朝鲜政府废除中朝通商条约，并驱逐中国军队出境。23日，日军攻占了朝鲜王宫，并拘禁了国王李熙，成立了以大院君李昰应为首的傀儡政府。25日，朝鲜大院君宣布废除中朝两国间的一切商约，并“授权”日军驱逐驻扎于牙山的清军。当天，日本不宣而战，在丰岛海面对中国海军发动了突然袭击，并击沉了中国运兵船“高升”号。同时，日本陆军向驻扎于牙山的中国军队发起强烈进攻，挑起了一场蓄谋已久的侵略战争。8月1日，中日政府同时宣战，中日甲午战争爆发。中日甲午战争的爆发看似一个偶然的小问题所引起的两国军事上的冲突，其实这是日本帝国在亚洲扩张的第一步。日本的改革催生了日本军国主义，明治维新使得日本的工业走在了亚洲的最前面，尤其是军事力量以及军事理念。甲午战争中的中、日两国主要是海上的战争，海战的胜利与否决定于两国的军舰的先进程度。虽然中国在洋务运动中，工业水平有了一定的提升，李鸿章也自称自己的北洋水师在亚洲是没有对手的，但是腐败决定了北洋水师的命运，空有李鸿章一人，怎么能够改变中国之命运。在甲午战争的关键时期，大清国的皇太后慈禧在为庆祝自己的寿辰作准备。为了建造颐和园，海军的军费就这样被挪用了。战争岂有不败之理？可叹慈禧太后和清朝权贵们还沉浸在歌舞升平中。1895年，威海卫之战，北洋水师全军覆没，这也意味着中日甲午战争中国彻底失败。4月17日中日签订了《马关条约》，甲午战争结束。

甲午战争中国的失败，使中国半殖民地化速度进一步加快，民族危机愈益深重，同时也促使中华民族日益觉醒，资产阶级维新运动和义和团反帝爱国运动迅速高涨。清政府也在更加艰难的处境下，开始变革军事制度，中国近代军事改革开始进入实质性阶段。

二、狂风日暮起

清政府与日本签订了丧权辱国的《马关条约》的消息一传到北京，康有为就组织在北京应试的1300多名举人联名上书光绪皇帝，声泪俱下地向光绪皇帝说明了国家危亡的严峻形势，并提出了维新变法的诸多想法。这就是历史上著名的“公车上书”。从此以后，维新运动揭开了序幕。为了给维新运动制造强大的舆论，康有为、梁启超等人在北京出版了《中外纪闻》，并组建了强学会，以此来鼓吹变法。而全国的各大报刊也雨后春笋般地相继出现了。1896年8月，维新派在上海创办了《时务报》；1897年冬，在天津创办了《国闻报》，二者成了维新变法的重要阵地。

1898年2月，谭嗣同、唐才常等人还在湖南建立了南学会，并创办了《湘报》。随着民族危机的加重，又加上康有为、梁启超等人对变法的宣传和鼓动，全国形成了议论时政的风气。而且上述的遍布各大城市的报馆和维新派创立的各级学校也对这场维新运动起了推波助澜的作用。随着列强对中国瓜分的加深，国内人民的仇恨也日渐深化。就在这样一种全国人民同仇敌忾的气氛中，康有为于1898年1月29日呈上了《应诏统筹全局折》。1898年6月11日，光绪皇帝颁布了著名的《定国是诏》，正式宣布变法。

这次变法，光绪皇帝根据康有为等人的建议，颁布了一系列变法诏书和谕令。主要内容是：经济上，设立了农工商局、路矿总局，还提倡开办实业；修建铁路，开采矿藏；组建商会，改革财政。政治上，广开言路，允许百姓上书言事；裁汰绿营，编练新军。文化上，废八股，兴西学；创办京师大学堂；成立译书局，派遣留学生；奖励科学著作和发明。维新派的这些变法主张和做法，其目的是学习西方的科学文化知识和经营管理制度，发展资本主义，并建立君主立宪政体，最终使国家繁荣富强。新政的措施并没有触及封建统治的基础，但这些措施却充分代表了新兴资产阶级的利益。但是，好景不长，9月21日，慈禧太后突然从颐和园赶往紫禁城，并闯入光绪皇帝的寝宫，将光绪皇帝囚禁在中南海瀛台。接着，慈禧太后发布了训政诏书，再次临朝“训政”，这宣告了“戊戌变法”的失败。戊戌政变后，慈禧太后下令捕杀逃跑的康有为和梁启超，并逮捕了谭嗣同、杨深秀、林旭、杨锐、刘光第、康广仁、徐致靖、张荫桓等人。9月28日，谭嗣同、杨锐、刘光第、林旭、杨深秀、康广仁等六人在北京菜市口被杀害。徐致靖被永远监禁；张荫桓则被遣派新疆。所有的新政措施，除了7月开办的京师大学堂外，全都被废止了。从6月11日到9月21日，变法只进行了103天就夭折了。

作为中华民族的一次伟大的觉醒，戊戌变法是中国历史上一次重要的资产阶级改良运动，是资产阶级改良派变革社会制度的初步尝试。维新派试图以此来建立资产阶级君主立宪制。它是一次救亡图存的爱国政治运动，它使民族资本主义得以发展，从而顺应了历史发展的趋势。在民族危机加剧的时刻，维新派以变法图强、救亡图存为宗旨，进行了广泛的宣传鼓动，也希望通过改革，使中国走上富强民主的现代化道路，从而摆脱帝国主义列强的侵略。维新派人士的这次努力，表现出了强烈的爱国热情，同时也激发了人民的爱国思想和民族意识，更促进了近代中国一次思想的大解放。资产阶级维新派提倡新学，主张兴民权，对封建思想发起了猛烈的抨击，也为近代思想启蒙运动的蓬勃发展开辟了道路，大大促进了中国人民的觉醒。维新运动所留下的许多遗产，诸如解放思想、变革观念、建立社团、兴办学堂、创办报刊、提倡女学、改易风俗等等，都在后来的中华文明发展史上产生了巨大的影响。

维新政策的提出使国家利益和王朝利益产生冲突，自然而然便让那些守旧的满臣想起满汉冲突这个核心问题。那些满族官僚虽然昏庸无能，但对于权力的变化却极其敏感。在他们看来，维新变法的实质不过是要把权力从他们手中夺走而已。正如黄鸿寿在《清史纪事本末》中描述的，“时百日间，变法神速，几有一日千里之势。其尤为雷厉风行者：一令都中筑马路，二令办理国防，三命八旗人丁，如愿出京谋生计者，任其自由。于是满族诸人大哗，谣谤四起。”整个满族统治集团很快认识到，无论变法会给中国带来多大的好处，都要让清朝贵族付出沉重的代价。不但可能丧失自己的特权，而且更有可能丧失几百年来一直把持的政权。改革固然是有利于国家的，但那些守旧派和既得利益者所付出的代价也是沉重的，所以他们对变法也是千方百计地阻挠，这也就注定了“戊戌变法”最后的失败。

戊戌变法是中国进行现代化改革的又一次尝试，最后还是被守旧的清朝贵族给扼杀了。清朝政府在维护自己的既得利益的同时抛弃了“国家”这一概念。当然它也把自己推上了灭亡的道路。资产阶级在中国的改良终于是以流血失败而告终。封建帝王领导下的变法改革，其最终目的是维护专制统治，而不是所谓的实现国富民强。清朝政府在戊戌变法之后为了维护自己的统治也进行了最后的一次改良运动，口号还是那个口号，结果我们也不得而知了。

附一：

浪人行刺李鸿章 《马关条约》溅血签

中日甲午战争中，大清国惨败，北洋水师全军覆没，清廷上下一片惊慌，只好派年过七旬的李鸿章到日本进行求和谈判。谈判地点定在日本马关的一家河豚料理店里。1895年3月21日，中日双方进行第一轮谈判。日方代表伊藤博文向李鸿章提出了以下的停战条件：日军霸占大沽、天津、山海关一线的所有城池和堡垒，天津至山海关的铁路也要由日本管理，停战期间日本军队的一切驻扎费用都要由清政府负担等等。伊藤博文明白，这个停战条件清政府是万万不会答应的。如果这一停战条件被清政府驳回，日本就正好以此为理由再战，以扩大战果。正当中日双方唇枪舌剑之时，一桩突发事件影响了谈判的进程。

3月24日下午4时，中日第三次谈判结束。满怀心事的李鸿章步出谈判所在地料理店，准备乘轿返回驿馆。不料，就在李鸿章的轿子快到驿馆的时候，人群中突然出现了一名日本男子，朝着李鸿章就开了一枪。李鸿章左颊中弹，血染官服，当场就昏了过去。

看到李鸿章遇刺，他的随员们立即将他抬回了驿馆，由随行的医生马上进行救治。幸好子弹没有打中要害，过了不久，李鸿章就苏醒过来了。毕竟李鸿章是见过大风浪的，面对此情此景，他表现得异常镇静，只是嘱咐随员将换下来的血衣保存下来，不要洗掉血迹。面对斑斑血迹，李鸿章不禁长叹道："此血可以报国矣。"李鸿章的伤口是在左眼下一寸的位置，子弹虽然留在体内，但幸运的是并没有伤到眼睛。李鸿章在日本遇刺这一事件立即引起了国际社会的高度关注。

马关警方在很短的时间内就抓到了凶手。此人名叫小山六之助，21岁，是日本右翼团体“神刀馆”的成员。他不希望中日停战，更不希望看到中日议和，一心希望将战争进行下去，所以决定行刺李鸿章，挑起中日之间更加尖锐的矛盾。而当时的伊藤博文最担心的就是有把柄落在列强手中，让一直虎视眈眈的西洋各国从中干涉中日战争，以享渔翁之利。但是小山六之助的行为恰恰是授人以柄。伊藤博文听到行刺一事后，气急败坏地说道：“这一事件的发生比战场上一两个师团的溃败还要严重！”

李鸿章遇刺的第二天，清政府给李鸿章来电，慰问他的伤势。当时，如果李鸿章就势回国，再鼓动列强进行干涉，也许《马关条约》的内容就不会那样欺人太甚。可是被列强与日本欺负得没脾气的清政府根本没有想过可以利用列强之间的矛盾来保护自己，他们只是担心如果不及早结束谈判，在华日军将会继续制造战端，甚至危及京师的安全。

就这样，李鸿章等人在忍气吞声的情况下，于1895年4月17日和日本代表签订了丧权辱国的中日《马关条约》。

附二：

狂人康有为

康有为，初名祖诒，字广厦，号长素，又号更生，广东南海人，所以又名“南海先生”。据说他的先祖是广东望族，高祖康辉曾担任广西布政使，曾祖康健昌曾担任福建按察使，祖父康赞修是道光时的举人，也做过广州府的教育官员，是一位知名的儒家学者，康有为的父亲也曾做过江西知县。出身于这样一个诗书官宦之家，康有为很小就接受了较好的儒家文化熏陶，可以说是很早继承了渊博的家学。

据说，康有为从小就喜欢读书，幼年就在同伴中表现出了自己卓越的才华。根据他对自己生平的一些记载，他六岁时就以“鱼化龙”妙对“柳成絮”，从而得到了祖辈的夸赞。而且，随着年龄的增长，他的学识以及高于常人的天才和智慧渐渐地显露出来，使他成了乡人皆知的神童。这当然也成为他后来自我吹捧的材料。

但是，自命不凡的康有为却总是与科举无缘。比如考秀才，康有为考了3次，16岁才搞到秀才头衔；考举人对他来说更是一种痛苦的折磨，总共考了7次耗费20年的光阴。相比之下，康有为36岁中举，而他的得意门生梁启超，17岁就中举了。不过，那次中举之后，康有为便时来运转，就在“公车上书”时的那次考试中，他高中进士，这也让他的信心大增。这就使后人很难对他的学识进行评价，到底是“英雄出少年”还是“大器晚成”呢？

康有为平生受到多方面思想的影响。他早年从师于朱九江，深入地学习了程朱理学、陆王心学，以及汉宋之学。而且，他有一段时间对佛教产生了极大的兴趣，还只身一人来到了山清水秀的西樵山，在山上的一个叫白云洞的洞穴中住下了，并开始专心学习深奥的宗教理论。可以说，佛学和道学对当时的康有为产生了很大的影响，但是仍没有阻止他那颗积极用世的心。在与京城翰林院编修张鼎华的接触中，康有为第一次接触到了西方近代的资本主义思想和当时正在酝酿的改良主义思潮。这也为迷茫中的康有为指出了一条明路。

1882年，康有为第一次进京，路上经过上海的时候，上海租界的繁华景象再一次给康有为留下了深刻的印象。回乡后，康有为费尽九牛二虎之力去搜集西学书籍，并开始大加研读，逐渐对西方世界产生了初步的憧憬和好感。

康有为对儒学的研究、佛道的参悟和西学的阅读，使他在当时的文化圈里显得鹤立鸡群，这便养成了他自许“圣人”的心态。他把自己定位成一个“救众生”的圣人。而康有为的这种“圣人”心态，便决定了他今后的命运，也影响了中国发展的方向。康有为不仅吸收西学，还开始营造自己的思想体系。1885年，康有为根据自己掌握的西学知识，写了第一本普及性的小册子《人类公理》。在书中，康有为以西方自由、平等、博爱的理论，猛烈抨击中国传统社会落后的制度和腐朽的意识，首先提出了“人的解放”这一口号，热情地绘制了自己心目中理想世界的蓝图。在以后的一年内，康有为大发神威，一口气写下了《康子内外篇》、《教学通议》、《韵学卮言》等众多小册子，顿时声名鹊起。康有为在反思近代中国的沦落时，认为其根源是中国人没有学习到古人思想的精华，反而尽学了些糟粕。从这里可以看出，康有为在面对西方挑战时，还是从中国传统的思想中寻找对抗武器。

1888年5月，康有为第二次进京参加北闱乡试。这年6月，慈禧太后颁发懿旨说光绪皇帝已满18岁，已经能够处理军国大事，所以宣布在光绪成婚后，就由皇帝亲政。清廷最高权力的这次交接，在朝野内外引起了巨大的轰动。人们都感觉到清朝要经历一个新的权力转换时期，成年的皇帝将取代慈禧太后成为大清帝国的新的当家人。

于是，康有为认定他大展宏图的机会到了。就在当年12月，康有为上书光绪皇帝，提出“变成法、通下情、慎左右”的三项主张，建议皇上采用自己的办法进行改革。但是，按照朝廷的政治体制，科道及四品以上的京堂才有权力向皇上专折奏事，而其他官员的奏折，都要经过所在衙门的高级官员代为禀奏，民间上书则需都察院转呈，而康有为当时是一个没有任何功名的布衣，根本没有资格上书皇帝。于是，康有为到处托人找奏，可当朝的大臣们都认为他只是一介草民，根本没有资格向皇帝上奏章，都对他不予理睬。

康有为的第一次上书参政就这样以失败而告终了。后来，康有为便一路游山玩水，重新回到了广州，任教于长兴学舍，并开始广收门徒。1890年4月，广州学海堂的学生陈千秋慕名拜访了康有为。交谈之后，陈千秋立即被康有为的奇谈妙论所折服，7月份拜了康有为为师。不但如此，他还将康有为的学术观点向自己的同窗好友梁启超热情推介了一番，大力赞赏康有为学问博大，论说新颖，是最理想的老师。梁启超，字卓如，号任庵，广东新会人，少年时代即以神童闻名于乡里，17岁中举之后，在当地更是颇具名声。但是，当他见到康有为时，他的信心顿时崩溃，立刻发现自己以前所学百无一用，很快被康有为的论说所折服。于是他就拜康有为为师。“冷水浇背，当头一棒”，这是梁启超对他和康有为见面的概括，现在听来颇具传奇色彩。

但无论如何诧异，这段谈话所构筑的师生之谊，深深地影响了中国后来的历史。康有为的奇谈怪论吸引了越来越多的青年学子，很快他的学生就达到了一百多人。这年的冬天，康有为把学舍迁至广府学宫文昌殿后的一座祠堂里，并为之取名为“万木草堂”，意思是说要像树木一样树人，培植为国家效力之栋梁。这就为日后的维新变法运动培养了骨干。在此期间，康有为还创建和完善了自己关于变法图强的理论体系，这便有了后来影响巨大的《新学伪经考》和《孔子改制考》。康有为创作的《新学伪经考》认为西汉并没有所谓的古文经学，东汉所谓的古文经学，也都是刘歆为了配合王莽的“新政”而伪造的，与儒家的创始人孔子没有丝毫关系。康有为在列举了几个例子后，便把古文经学完全否定，进而诬陷古文经学淹没了孔子托古改制的原意，歪曲了孔子的思想。就这本书的学术本身来说，是绝对经不起推敲的，就连梁启超也认为这本书在逻辑上是牵强附会。为论证自己的观点，康有为可以说是无所不用其极，甚至不惜抹杀和曲解事实。但是，这本书在学术上的失败，并不能抹杀它在政治宣传上的成功。1891年，《新学伪经考》正式刊行，书中对乾嘉诸老的汉学基础的猛烈攻击，立即在中国思想界引起了巨大的震动。尽管谩骂的人很多，但拍手叫好的人也不少，可以说这本书在当时的中国产生了巨大的影响。

在《新学伪经考》受到关注后，康有为又在弟子们的协助下，根据《知圣篇》写出了新作《孔子改制考》。在这本书中，康有为通过对今文经典的研究，指出《春秋》是孔子为阐明托古改制的大义而创作的。康有为在书中提到，孔子之前的历史都是无稽之谈。孔子创立的儒家和当时的诸子百家一样，都试图通过托古的方式重建自己理想的社会。而“六经”中所提到的尧舜文武都是孔子思想的寄托者，不一定都是实际存在的；“六经”中所记载的先王事迹，也是孔子为了表明自己的思想而改作的。《孔子改制考》也同样受到了很大的争议。

综上可见，康有为的狂妄，绝对不是一般人所能理解的。他后来之所以得罪李鸿章、翁同龢、张之洞等人，全是由于他自大和狂妄的性格使然。他的个性，导致了他行事僵硬固化以及死守教条。从某种意义上来说，戊戌变法是成于康有为，败于康有为，历史的悖论和巧合，真是令人感慨。

第七节　“旧瓶装新酒”式的改革

一、开启王朝最后十年的“新政”

20世纪的头一个月，在八国联军炮口下逃出北京的慈禧太后以皇帝的名义下诏变法，由此开始了晚清最后十年所谓的“新政”时期。**面对庚子国变以后的社会危机和日益迫近的革命，它带有了浓浓的王朝自我挽救的意味。而一个曾经极力扑杀维新变法志士的人物，此时却又极力倡导“变法”，真是一种历史的嘲讽。所以，人们都称之为“假维新”，以区别于戊戌年间那场以救亡图存为目的的维新运动。**

从义和团运动到八国联军侵华，几个月之间中国社会经历了一场巨大的震动。朝野上下，几乎都感受到了这一非常之变所带来的强有力的震撼。津京陷落之后，西方列强虽然没有把西太后列为“首祸”，却以另一种方式“惩办”了她：把她赶出了深宫，使她在仓皇“西狩”途中亲尝了颠沛流离之苦的滋味，几乎丧尽了皇太后昔日的威严。“两宫微服出走，间关道途，昼餐无糗檐，夕休无床榻，饥寒羸瘁，有平民所不堪者，况万乘之尊乎？”西太后不无辛酸地自述过这段经历：“连日奔走，又不得饮食，既冷且饿。途中口渴，命太监取水，有井矣而无汲器，或井内浮有人头，不得已，采秫秸秆与皇帝共嚼，略得浆汁，即以解渴。昨夜我与皇帝仅得一板凳，相与贴背共坐，仰望达旦。”痛定之余，不能不有所“振作”，不能不引出一点反思：“自播迁以来，皇太后宵旰焦劳，朕尤痛自刻责，深念近数十年积习相仍，因循粉饰，以致成此大衅，现在议和，一切政事尤须切实整顿，以期渐图富强。”“我中国之弱，在于习气太深，文法太密，庸俗之吏多，豪杰之士少。文法者庸人藉为藏身之固，而胥吏倚为牟利之符；公事以文牍相往来，而毫无实际，人才以资格相限制，而日见消磨。误国家者，在一‘私’字。困天下者，在一‘例’字。”这段话用光绪皇帝的口气表达了西太后的心理，有责人之意而无罪己之心，但多少还是触及了中国根深蒂固的弊病。这是一个顽固冥钝的人物在严酷的时势逼迫下产生的一点反思，是一种迟来而又易逝的反思，但它毕竟促成了“新政”的开场，揭开了晚清最后十年“变法自强”活动的序幕。

1901年1月29日，西太后以光绪皇帝的名义在西安颁布了“预约变法”的上谕，承认了在“万古不易之常经”外，没有一成不变之治法。并明令“着军机大臣、大学士、六部、九卿、出使各国大臣、各省督抚，各就现在情形，参酌中西政要，举凡朝章、国故、吏治、民生、学校、科举、军政、财政。当因改革，当省当并，或取诸人，或求诸己，如何而因势始兴，如何而人才始出，如何而武备始修，各举所知，各抒己见，通限两个月，详悉条议以闻。”人们久以习惯于摘引此谕中的这样一段话：“盖不易者三纲五常，昭然如日新之照世；而可变者令甲令乙，不妨如琴瑟之改弦”，以说明其用心可恶。的确，这是对“新政”的一种限制。“三纲五常”是维系中国传统社会秩序的最重要的精神力量，是传统社会伦理的核心，久已被视为传统文化中万世不易的“体”，是规范人们行为的至上准则。对其不可变易性的强调，说明它并没有逃出洋务自强运动的轨迹。因此，人们往往把它同洋务自强运动相比照，认为前者是后者的翻版。然而问题并不那么简单，在同一道上谕中还有另一段话：“舍其本源而不学，学其皮毛而又不精，天下安得富强耶？”这里的“本源”究为何物，难一言以断。但它至少已经超出了西艺的范围则是无疑的。用“皮毛”称洋务自强运动，其所求者，当更深于“皮毛”。这层意思反映了极守旧者在严峻时局下的某种变化。

同年2月，清政府再颁上谕，在忏悔庚子之变的同时，重申了变法之意。要求大臣去私心破积习，力行实政。“所以谆谆诰谕者，则以振作之于因循，为兴衰所由判；切实之与敷衍，即强弱所由分。”不“振作”，不实力“变法”，就没有出路。4月，设立督办政务处，议商变法条陈。派奕劻、李鸿章、荣禄、昆冈、王文韶、鹿传霖为督办政务大臣，刘坤一、张之洞为参与大臣。8月20日，即西太后与光绪帝离开西安“回銮”前四天，以慈禧太后的名义再发文告，表示清政府立意“变法”的决心：“尔中外臣工，须知国势至此，断非苟且补苴所能挽回厄运，惟有变法自强，为国家安危之命脉，亦即中国民生之转机。予与皇帝为宗庙计，为臣民计，舍此更无他策。”一种求生的本能或王朝自救的意识终于把一个油干灯枯的满清王朝推上了改革之路。督办政务处的设置，“舍此更无他策”的自觉意识，以一种从未有过的姿态显示了曾经扑杀或仇视过变法的人物所表现出来的变法决心。但组成督办政务处的大多数人物又以他们各自的经历说明了清王朝夹袋中人才已尽。以旧人而包办维新，以中古的人来推进近代的事业，是不会有希望的。

二、张之洞、刘坤一会奏谋划蓝图

慈禧太后发布上谕的时候，同时还命令军机大臣、大学士、六部的臣僚、曾经出使的大臣以及各个督抚“各就现在情形，参酌中西政要，举凡朝章国故、吏治民生、学校科举、军政财政”，一定要各举所知、各诉已见，限期是两个月，“详悉条议以闻”。

在上谕下达以后，被称为“激进的改革者”、时任山东巡抚的袁世凯当月就向慈禧太后上了一份奏折，提出了一些筹办新政的办法，其中包括慎号令、教官吏、崇实学、修武备、开民智等内容。当然，不只是袁世凯一个人这样做，其他的清朝大臣也在积极地联络，为提出变法的条陈作一定准备。其中在这些督抚里面，最为重要的当数张之洞和刘坤一了。

张之洞，清朝洋务时期的重要人物。1889年任湖广总督，创办了著名的汉阳兵工厂等一系列军工企业，同时还创办了湖北纺织四局等大型的民营企业。不仅如此，他还建立了两湖书院、武备学堂等多所学堂。一系列的近代化建设使得湖北的武汉成为当时中国的重镇。在中日甲午战争中，张之洞曾经上折呼吁请求修备储才，改革军事，进一步发展实业，大力兴办学堂。在维新运动中，张之洞也是非常赞赏维新的。他曾经出资捐助兴办了上海的强学会，并且以官府的名义命令湖北省销售《时务报》。但是在维新运动的后期，张之洞却没有再支持维新派的“激进”做法。1895年11月，康有为曾亲抵南京拜会这位洋务派的元老，但是张之洞却明确表示不会相信孔子改制，对维新派所谓的“民权”他更是表示反对，为此还特地撰写了《劝学篇》，认为民权一说纯粹是在蛊惑老百姓起来造反。**他自己提出的新政的根本原则就是：中学为体，西学为用。所以从中可以看出，张之洞的维新变法思想在甲午战争之后就产生了。但是与维新派不同的是，张之洞主张通过渐进的方法逐步进行变法。这样，他的主张因趋缓而得到了清朝上层统治者的认可**。因此，在清末这次最后的大变革的关键时候，张之洞便被推倒了地方大吏中领袖群伦的地位。

刘坤一原来本是曾国藩手下的一名将领。在曾国藩主办洋务运动的时候，他先是在江西任巡抚，随后又两度出任两江总督。刘坤一为人做事总是小心翼翼，生性谨慎、恪尽职守。尽管他在曾国藩手下做事，但是在洋务运动兴起的时候，他却没有什么建树。在清末的时候，因为其做人低调，还总是沉湎于玩乐之中，体力和精力都有所下降，不能很好地办差事。所以遭到了主张变革的张之洞、陈宝琛的弹劾，就此被罢了官，赋闲在家达十年之久。到1890年的时候，他被清政府重新起用。中日甲午战争后，面对民族的危亡，刘坤一深刻地认识到改革的必要性，因此，他一改往日的态度，于1895年7月份向慈禧太后上了一本《策议变法练兵用人理饷折》，开始加入了倡言变法的行列。然而使刘坤一真正出名的不是这个奏折，而是他带头干预了晚清帝位的变动，这一举动可谓是轰动“全中国”。1898年的戊戌政变发生后，慈禧太后当即准备软禁光绪皇帝。当时所有的地方官员对于老佛爷的这一举动都采取了作壁上观、不谏言的做法，但是刘坤一却没有效仿他人，他第一时间站出来，致电北京政府，表示对此事的关注。当慈禧太后准备废掉光绪皇帝，再立新君的时候，他更是明确表示反对。这与他往日的作风可谓是大相径庭。当然，他这种冒险进谏的做法，从根本上看，是为了维护大清朝江山社稷的稳定。而在北京政府这一方面，慈禧太后迫于当时内外的压力，没有轻易费掉光绪皇帝。而正是这样的一个结果，使得刘坤一的政治声望也由此而空前高涨。

张之洞和刘坤一就这样成为了当时清朝封疆大吏中的领袖人物。他们对清末最后的变法是表示欢迎的。但是对于变法的建议，他们没有马上提出来，而是先对封疆大吏们进行了联络。为了使自己的变法建议能让朝廷更好地接受，张之洞要求东南、西南各省的督抚联衔向朝廷上奏，并且要明确这次变法“以仿西法为主”。张之洞的这一主张得到了各省督抚的大力响应，他们表示支持张的主张，同时推举由张之洞和刘坤一来向朝廷上奏折。正当督抚们商量着这个折子怎么写，怎么发的时候，情况开始发生了一些细微的变化。首先是陕西的一些官员传出话来，表示朝廷的意思不想让各省联衔。慈禧太后为了变法，下谕设立了一个办理新政的主管机构——督办政务处，除了一些督办政务的大臣外，还命令刘坤一、张之洞“遥为参与”。既然刘坤一、张之洞成为了朝廷的“参政”，那么他们与其他各省的联衔也就不再可能了。这样便改为刘坤一、张之洞会奏，其他各省单独向朝廷奏报。

根据朝廷的新要求，各大臣相互交换意见后，由张之洞主稿的三份关于变革的奏章最终完成，并且在五月二十七日和六月初四、初五分别向朝廷上报，这便是著名的《江楚会奏变法三折》。在这期间，其他各省关于变法的条陈也陆续上报到朝廷里了，条陈的内容涉及停止纳捐、改革科举制度、整顿工商业、整饬武备以及改革官吏制度和开设银行等各个方面。这些奏折的内容大致相同，在朝廷中起到了遥相呼应的作用，并且形成了一股强大的变法舆论声势。《江楚会奏变法三折》的内容完整，条理清晰，成为清政府新政的指导性文件。

张之洞的《江楚会奏变法三折》包括了《变通政治人才为先遵旨筹议折》、《遵旨筹议变法谨拟整顿中法十二条折》、《遵旨筹议变法谨拟采用西法十一条折》三个奏折，此外，还附有一个折片《请专筹巨款举行要政片》。

现在我们来细看这三个奏折。第一个是关于教育改革方面的，其中提出了开设文武学堂、改停流行的科举制度，学习西方设立文科。提出了停止武举的考试同时要奖励游学的主张。他们还主张要全面学习西方的教育制度，建立一套大清国的小学、中学、大学的教育新体制，结合自身的教育特点，给予毕业的学生以相应的科举出身；对于现有的科举考试，他们的主张是“酌改”。从这两个字可以看出，这个新政还是不那么彻底。“酌改”的意思就是通过对考试内容的改革和逐渐减少中试名额的办法逐步废除科举考试。内容方面的改革也就是把西方的一些科学理论知识引进来，包括哲学和自然科学。在考试方面：头场规定是关于中国政治、中国历史的考查；随后还要对世界各国的政治、历史、武备、农、工、算法之类的内容进行考查；但是在第三场考试中，仍然要考查“四书五经”的经义。同时也鼓励学生出国留学，政府将为那些出国留学者提供一定的经济资助，并且希望其尽快学成回国，以为新政出一把力。

第二个提出所谓的“整顿中法”，其本质就是要破除当前的“积弊”。该折所陈述的十二条建议如下：崇尚节俭、破除常格、停止捐纳、课官重禄、除去书吏、除去差役、体恤刑狱、改革选举法、筹备八旗的生计、裁撤屯卫军、裁撤绿营军、简洁文法。其中最关键的内容是吏制和吏治方面的改革。他们认为，在人才的选拔方面，应该不拘一格，废除书吏与差役制度，改换为“委员”加以任命。同时要废除捐纳，清除官场吏治的腐败。主张学习西方的司法用来改革当前的司法制度，取缔刑讯逼供这种审判的方法，应教给罪犯一生计。他们还认为，当初设立屯卫主要是为了朝廷的南粮北调，漕运现在可以用火轮船来解决了，那么屯卫也就有名无实了，应该废除掉；绿营更是因为装备落后，加之缺乏训练，军心涣散，已经不具备现代战争的要求了，所以应该逐年裁汰，换之以西方的警察制度。此外，他们还主张让旗人脱离国家的养活，自己寻找活路。

第三个折子就是采用西法的问题了。学习西法，无非就是军事、经济方面的变革，尤其是军事方面，要求全面地学习国外士兵的操练方法来练兵。同时，在地方开设武备学堂，培养新型的军事人才。他们还进一步建议在中央建立一个总管全国新式军队的管理机构，不仅可以总体与西方交流，学习经验，而且还可以来统筹地方的新军筹备。经济方面，主张修改当前的农政政策，开设关于农业方面的管理机构，设立农业大臣。同时也提出了要像西方一样，设立工艺方面的学堂，为清政府培养掌握近代科学技术的人才。仿效西欧，定期举办各种博览会，用以交流展示自己的工农业产品。在法律规范方面，他们特别强调要制定各种经济法规，即制定矿律、路律、商律、交涉刑律用来保护国家合法的权利，并使工商业的发展也可以有章可循。此外，他们还主张学习西方改革当前的货币制度和税制，使用银元并且发行印花税。

其实，当慈禧太后宣布要进行“大变革”的时候，对于新政到底怎么样进行，以及新政的具体内容是什么，当时并没有一个通盘的具体计划，所以选择了让大臣和督抚们“各诉已见”。而刘坤一、张之洞的会奏则比较系统地提出了一些改革的新方案，这对朝廷无疑是一个很大的帮助。所以慈禧太后也没有加以阻挠和反对，并且命令朝廷各级官员参酌考虑刘坤一、张之洞的条陈，其中可行的，应按照条陈所述，立即实行，各个政府机构都要加以配合，各个督抚、封疆大吏都要认真地执行。清末的新政就这样按刘坤一、张之洞的设计方案开始慢慢推行了。

三、想变的与不想变的

光绪二十七年八月，八国联军从北京退出，慈禧太后带着光绪帝从西安返回北京。这次返回京城已和一年之前大有不同，一年前的离京根本不是出巡，而是逃跑。现在的慈禧太后一改一年前的狼狈，不仅回京的队伍浩浩荡荡，而且在回京的路上大修道路，并且大兴土木。在大约两千里的行程中，修建了将近三十余座行宫。等到达开封的时候，又停留了将近一个多月，并且大搞庆寿活动，朝官和各地的官员都穿蟒袍补服，行朝贺礼，慈禧太后则拿银子和绸缎来赏赐百官，全然没有了一年前的耻辱之感。

等到十一月下旬的时候，行到河北的保定，决定改乘火车回北京。为此刚刚成立的大清铁路局为慈禧太后特别筹备专列，慈禧太后所乘坐的花车均以黄貂绒、黄缎铺饰。车站还要扎彩棚三十余座，以供慈禧太后和迎送官员休息。专列行进到北京的时候，沿途的车站都有军队和官员迎送。北京城内家家户户都要张灯结彩，迎接西太后的归来。昔日庚子国难所留下的满目疮痍、生灵涂炭的景象，皆已消弭净尽，不留痕迹，就好像什么事都没有发生过一样。这样的情形，也应对了慈禧太后曾经说过的几句话：循情面如故、用私人如故、敷衍公事如故、欺骗粉饰朝廷如故……绝大多数的官僚仍然是混混沌沌的。

然而慈禧太后内心深处的感受，已与一年前大不一样了。令她庆幸的是，虽然洋人打入了北京城，但是没有废除她的权力，她还是中国当前的最高统治者；令她担忧的是，新政的上谕虽然已经颁布，但在朝廷中观望、等待和反对者还大有人在。所以作为最高统治者的慈禧太后明白，在这样的情况下，要推行新政，能靠得住的人也就只有督办政务处的大臣了，同时还有地方上那些主张改革的有实力的督抚。所以在回北京的途中，她便开始传旨打赏庆亲王奕劻双俸，荣禄、王文韶、刘坤一、张之洞、袁世凯双眼花翎。过了几天，又和政务处的大臣商议了一下，下了一道谕旨，大体意思是：反思这十几年的弊端，因为没有处理好，以至于最后酿成了如此之大的国难。同时为了避免国家再次陷入危亡，表示要下定决心，把这次的新政推行到底。即使这样，慈禧太后还是在担心，人们是否会把她的这次变革同康有为的戊戌新政联系起来。所以在上谕中她还不忘加上几笔，蔑称康有为所谓的新政乃是祸乱国家的“乱法”而非改革的“变法”，用来表示这次的变法非彼“变法”，这样的话语多少又给人以画蛇添足之感。

光绪二十七年六月，慈禧太后下谕旨改总理衙门为外务部，列于六部之首。清朝的总理衙门成立于1861年，但在清朝的管制之中，却只是一个临时委派办理洋务的官署，其主管官员也是由六部委的官员所兼任的。在总理衙门的下面还设有南洋通商大臣和北洋通商大臣，也没有专门的官吏出任，是由两江总督和直隶总督来兼任。这两位通商大臣也有权去办理一些对外事务。尤其是北洋大臣，长期由李鸿章来兼任。晚清与西方几次重要的交涉，都是由他参与并且签订各条约的。这样也就造成了清朝对外交涉权被分散。与清政府打交道的西方列强对这种做法也是大为不满。当八国联军在北京与奕䜣讨论议和的大纲时，列强就指出了“总理衙门”的弊端，认为清政府对此应该革故鼎新。慈禧太后见这既然是洋人的意思，那就按照他们的意思去办吧。总理衙门的改革其实是在列强的强迫下进行的。

紧接着清政府又增设了几个新的机构，1903年开始设立商部、巡警部，1905年又增加了学部。

清朝的六部之设是延续了隋朝的六部制度，这种体制曾在中国的历史上产生过很大的积极作用。隋朝之后的几代中国王朝，都延续了这种制度，为保证中国在世界上的强盛作出了巨大的贡献。但是随着时代的变迁，到了清朝末年的时候，这种六部制度的职能局限也逐渐不适应当时时代发展的要求了，其弊端也日益暴露了出来。

在涉及经济的方面，原来旧的六部之中，与经济有关的两个部是户部和工部，但是以现在的眼光看，这两个部似乎都与社会经济的发展没有一点关系。户部当时的职能是管理全国的疆土、田地、户口、财谷等，但是实际上它的一切工作是围绕国家财政收入和支出而进行的。这些收入包括田赋、盐课、关税茶课等；而支出则主要是关于官员的俸禄、举办庆典以及河堤的修筑、皇室的采办。对于工部来说，只是负责管理土木兴建工程，其实质主要也还是为宫廷服务的。从以上的几点可以看出，清朝的这些过旧的机构确实很难适应当前工商业发展的需要。所以在1903年的时候，慈禧太后下旨正式成立商部，以“振兴商务”为职责，同时还要兼办农工和铁路等事宜。

在教育方面，礼部的职能应该是主管国家的各种庆典，但是在清朝的时候，它还兼管着国家的科举考试以及相关的传统教育的任务。19世纪末20世纪初，各种新式学堂如雨后春笋，遍布中华大地，而此时礼部的职能已经无法适应这种形势了。1898年，京师大学堂在北京成立，它兼管新式学堂的工作，成为一个集教育、管理于一身的特殊机构。在外人看来，它多少有那么一些不伦不类。实际上20世纪初新式学堂发展之快，已不是京师大学堂所能管理得了的。正是在这样的情况下，清政府设立了学部，这样才使清朝政府的教育行政职能正式从礼部中独立出来了。

中国本无警察一说，社会治安、公共卫生的一些事宜都是由保甲局来管理的。1902年的时候袁世凯仿照西欧人的做法在直隶的保定开设警务局，并且招募巡警达3000多人，后来又迁到天津，建立天津警察总局，由赵秉均为总办，这便是中国警察制度的开始。1905年，清朝政府派遣五大臣出洋考察宪政，在火车站遭到了革命党人炸弹的袭击，袁世凯便利用这一事件上报朝廷，建议清政府设立巡警部，还推荐自己的亲信徐世昌为尚书，赵秉均兼任侍郎。清朝的巡警部也就此设立。

这些新的机构成立以后，也相继推出了一些新的措施。商部设立伊始就颁布了《奖励公司章程》，表示要官商通力合作，并且大开风气，鼓励和提倡民族工业的发展。同时还相继颁布《商人通例》、《公司律》、《破产律》等一系列商法，以立法的形式给工商业者的经营活动提供相应的保护。还规定了对工商业者实施奖励的办法：如凡能集股50万至5000万元的工商业者，奖以商部头等顾问官等职位，加以七品至头品顶戴。尽管事实上得到奖励的人几乎是微乎其微的，但是这个政策的颁布，多少对民族资本主义的发展起到了激励作用。

在学部还没有正式成立之前，清政府便已制定了几个重要的教育法规。1903年12月，清政府公布了由张之洞、荣庆提交的《奏定学堂章程》，拟定了一个仿日本学制模式的清朝学制体系，把当前的学校教育分为初、中、高三个级别，最高一级为通儒院。通儒院或大学毕业生将被朝廷授予进士的功名，而高等学堂的毕业生将被授予举人的功名，但凡中学堂和高等小学堂的毕业生则可以取得生员的功名。同年，清政府还颁布《奖励游学生章程》和《约束游学生章程》，提倡出国留学，进而推动了当时出国留学的一个高潮，特别是去日本留学的高潮。1901年留日学生为274人，到1903年的时候达到1300人，1906年更是高达12000多人。清朝的学部成立以后，开始进一步完善各类章程法令，审定和规范各类教材。就这样，一个新的包括初等、中等、高等学堂在内的教育体系开始建立。

巡警部成立以后，全国各地都开始仿效，建立了一整套的警察体系，同时还根据事务的性质建立了公安队、消防队、教养队、探访队、协巡营等，用来强化社会的治安。

除了上述的行政管理机构外，清政府还设置了练兵处和管理财务的财政处。练兵处成立于1903年，任命奕劻为练兵处总理大臣，袁世凯为会办大臣，这是清政府专门为负责招募和训练新军而设立的中央机构。在练兵处成立以后，清政府开始改建全国的兵制，并且制定了一个编制为三十六镇新军的计划。新军的士兵从全国各地招募，包括武器在内的训练和编制问题都仿照西欧人的方法，而且还花钱聘请外国人为教练，来教习课程。这样就整个改变了清朝的兵制。

财政处是1903年4月成立的，由奕劻来主持。清政府在上谕中强调，当前时局困难，国家的财政也陷入了困境，国民也因此而被连累，为了挽救当前的局势，专门设立财政处，用来解决当前的危机。这反映出了清朝政府财政的困难和设立财政处的缘由。财政处成立以后，开始着手统一货币的工作。清朝政府继续维持银本位制度，还特别设立了铸造银元的总厂和分厂。

清政府在设立新机构的同时，也裁汰了一些失去职能的旧机构，如詹事府、通政使司、光禄寺等，并且整顿吏治，裁汰了政府各机关的胥吏差使，于1901年8月正式停止了纳捐实官的制度。

从总体上来看，这次新增加的机构都是为了适应当时社会变化所提出的新要求，不仅是增加了社会管理的职能部门，而且也使得政府的职能部门向专业化方向慢慢推进，推动了下面一系列改革的进行。更重要的是，当时的这一系列改革对中国社会产生了深远的影响。新机构的设置不仅顺应了社会变化的需要，而且也推动了教育、军事制度的变革和经济的发展。而这一切的结果，是推动了中国新的社会力量的出现与壮大。科举制度的废除，使中国“士”的阶层发生了分化。通过建立新式学堂和鼓励留学教育，一个新的资产阶级、小资产阶级知识分子群体迅速出现并逐步壮大。他们普遍接受过西方的教育，眼界更为开阔，对当前的民族危机和国弱民穷的状况有着更深刻的体会和认识。他们的出现，也成为20世纪初两支新的政治力量——资产阶级革命派和立宪派迅速崛起的基础。清朝新军的建立，为新思想向军队的输入提供了良好的条件，从而为革命党人发展革命势力创造了条件。保卫封建王朝的军队反过来成为了他的掘墓人。商部的成立，新经济政策和法规的实行，使民族资本主义有了发展的机会，民族资产阶级的队伍也在不断地壮大。

历史毕竟是要向前推进的。当慈禧太后把改革的大门打开以后，却再也不能把它合拢了。这一次的改革，虽然在内容上有许多和戊戌变法的相同之处，但是它的实际作用却远远超越了康有为等发起的戊戌变法。它的影响，更不是戊戌变法所能比拟的。**但是我们回过头来再细细地思量一下这次改革，当一切都已革新的时候，唯有一样东西没有改变，那就是体制，高高在上的皇权依然无人能够撼动，旧官僚体制仍旧存在着，这就注定了这次改革的失败。**

四、千年科举一旨停废

公元587年，隋文帝杨坚命令诸州“岁贡三人”上朝廷应考秀才，开始为国家选拔人才。这也开创了通过考试选拔官吏的新制度，自此开始，科举考试在中国存在了一千多年。在经历了唐、宋、元、明、清各代的发展以后，在科举制度不断完善的同时，其弊端也日益凸显出来，这其中最受世人指责的便是开创于明朝的八股文。八股文的作文方式，统一了文体，方便了选材，但是随着时间的推移，它也暴露出空疏和束缚思想的弊端。清朝的康熙皇帝认识到这一点以后于1663年下旨废除八股考试，但是还没有五年就又重新恢复考试。其原因就是八股考试以“四书五经”中的内容出题，有利于凝聚世人之心，有利于社会上统一价值观的确立。而这一切，对于稳定统治也是很重要的。然而八股取士是单“凭文而取”又有它不利于选拔人才的一面，所以到了乾隆朝，也曾经有过废除八股的议论，但最后还是不了了之了。

鸦片战争以后，中国社会开始发生巨大的变化，一方面，清朝政府面临内忧外患，另一方面，西学的传入极大地挑战着科举制度，八股取士面临前所未有的生存危机。在世人探讨的各种救国方案中，八股和科举便成为了众矢之的。人们从救亡图存出发，认为是八股造成了“民之愚、国之弱”的景象。他们还指出中国当前的社会已经发生了变化，改革亦需要大批新式的人才，而八股文只会禁锢思想，因此有必要把它废除。

戊戌变法的时候，康有为、梁启超等维新派人士也积极提倡改革科举制，废弃八股取士制度。1895年在康有为领衔的“公车上书”中，他曾满怀忧愤地写道：今日之患，在吾民智不开，故虽多而不可用。而民智不开之故，皆以八股试士为之。学八股者，不读秦汉以后之书，更不考地球各国之事，然以通籍，累至大官。今群臣济济，然无以任事变者，皆由八股致大位之故。故台湾辽东之割，不割于朝廷，而割于八股！二万万之款，不赔于朝廷，而赔于八股！胶州湾、旅顺、大连、威海、广州湾之割，不割于朝廷，而割于八股！

当时的改革家们都是从挽救国家危亡的角度来思考问题的。他们已经从鸦片战争后一次次地遭受列强欺辱的苦难记忆中领悟到：过去祖宗留下来的那些知识是救不了国家的，八股便是旧学的祸首。想救国，就应该改革科举，怎么去改革科举，就是要废除八股，办新式学校，学习西方的先进方法。

百日维新中，康有为连续向光绪皇帝上了七个请求废除八股的奏折，痛斥八股文是“愚民之术”，不仅禁锢人才，学非所用，而且科举亦为利禄之途，“为空疏迂谬之人所托”。须废除八股文，改为策论。在维新派的推动下，光绪皇帝决定废除八股文。然而，要真正地去实行，却是阻力重重。在许多清朝守旧派官员的眼里，八股是“祖制”，怎么能轻易废除啊！据史料记载：五月初二的时候，光绪皇帝就命令军机处拟旨，但是军机大臣刚毅马上出来阻拦，并称“此事重大，行之数百年，不可遂废”，请求礼部来商议一下。光绪驳斥道：“汝欲阻挠我耶？”“部臣据旧制以议新政，唯有驳之而已。吾意已决，何议为？”刚毅这时又把慈禧太后搬了出来，说：“此事重大，愿请懿旨。”光绪见此情况便不再争论，既而说：“可请旨。”这样又等待了几日后，最终谕旨是下发了。从史料上可以看出，废除八股考试，当时的慈禧太后也是认可的。

实际上这一次科举改革主要是考试形式的改革，即文体的改革。康有为在《请酌定各项考试策论文体以一风气而育人才折》中所提出的具体改革办法就是：开始要考一些关于时务的内容，等到了第二场的时候，再考关于历史方面的东西，出题可以随意性，不只限于“四书五经”。而且关于试贴诗赋的考试也要停止。对考试的改革对于当时已经接受新思想的许多读书人来说，是一个很大的鼓舞。一时之间，他们舍弃“帖括讲章，而争讲万国之故及各种新学，争阅地图，争讲翻译出之西书”。然而，任何历史变革都会变现出两面性或是多面性，对于那些埋头读书数十年的八股世人来说，废八股不啻是当头一棒，他们不仅没有这样的心理准备，而且也不具备向策论转换的条件，因此在这些人中也有激进者曾经扬言要刺杀康有为。

戊戌政变以后的1898年11月1日，慈禧太后亲自下旨命令将新式的策论考试废除掉，仍然按照旧制继续实行科举考试。八股取士制度又重新恢复。先前在改革八股取士制度的时候，光绪皇帝是向慈禧太后咨询过的，而且慈禧太后也是同意改革的，那么现在怎么就忽然来了一个180度的大转弯呢？当然就慈禧太后而言，她不完全反对废除八股，但是光绪帝开始下诏实施以后，引起了朝廷旧官僚的大为不满。慈禧太后看到要想收买人心巩固自己的势力，恢复八股取士也是必不可少的。当然，她更不愿意看到全国人的心都向着光绪皇帝，也不能容忍光绪皇帝借变法而加强自己的权力，所以最后也容忍不了所有的维新措施。这样，维新派的科举改革尝试就随着戊戌变法的失败而流产了。

然而等到庚子年的时候，八国联军的入侵促使慈禧太后转变了态度。经过庚子国难后，满清朝堂上那些旧官僚，死的死，被罢官的罢官，一批曾经办过洋务、主张改革科举的官员又重新站到了朝堂之上，这样在对科举改革的过程中，他们也起到了一定的影响作用。而此时的慈禧太后所面临的已不是要不要改革科举的问题了，而是怎么样改和什么时候改的问题了。

1901年5月刘坤一、张之洞的会奏提出了怎么样改革科举的建议，具体方法是分科逐年递减学额，用新建立起来的学堂来逐步取代科举，同时给各级学堂毕业生以进士、军人、生员的头衔。这样，经过数年的过渡之后，朝廷中进士、举人、生员都出于新式学堂之中。

以上方案只是一个逐步用学堂取代科举的渐进的改革方案。但是由于科举制度是一个集政治、教育功能于一身的制度，对于科举的改革，将威胁到整个儒家文化的统治地位，进而会影响到现实中的统治者的地位。因此，要改革科举，谈何容易。军机处和会议政务处仍然有不少的大臣持反对的态度，改革派和守旧派内部的意见也不是很统一。但是不管怎么说，最后改与不改还是要听这个国家最高统治者的意见。慈禧太后在庚子国难后认识到不得不变的道理，但是她也是守旧派出身，对反对派的意见也是要照顾到的。经过反复的斟酌，她于8月29日颁布谕令：“（科举）之行二百余年，流弊日深，士子但视为弋取科名之具，剿袭庸滥，于经史大义无所发明，宜讲求实学，挽回旧习。”正式宣布废除八股取士，改策论，停止武科。

1902年年底，袁世凯到南京会见张之洞，两人就科举分科递减的问题达成了一致。他们还联络山东巡抚周馥、湖广总督端方于第二年的3月份向慈禧太后递了一份由袁世凯领衔的奏折，希望朝廷从1904年的甲辰以后，将各项考试取中之额，预计均分，按年递减。奏折递上去以后，由于军机处大臣王文韶的反对，没有被通过。张之洞见此情形，便开始积极联络其他的几位大臣以求获得统一的意见。正在此时，王文韶因年老体衰离开了军机处，张之洞便抓住机会联合其他的督抚马上奏请停止科举推广学校。奏折以前所未有之急迫的语气向慈禧太后作了陈诉。面对如此之情势，慈禧太后也只好全盘接受了改革派的主张。9月，慈禧太后亲自颁布懿旨，令从1906年开始，所有的乡试、会试一律都停止开考。至此，在中国实行了一千二百余年的科举制度就此寿终正寝了。

五、独木难支

改革毕竟是一项极其复杂的社会系统工程。清末新政由一批曾仇视改革或与改革为敌的人物完成了一场带有革命内容的改革。在这种意味深长的矛盾背后是历史造成的两个原因：其一，庚子之变以后的局势是一种真正的统治阶级再也无法照旧统治下去的时局。1901年2月颁布的上谕中说：“无事且难支持，今又构此奇变。”正是对这一点的承认，新政在主观上是为了防止革命掀揭屋顶而挖开的一个窗洞，但在客观上却成为时势假手不愿改革者而实现的一场改革。历史常常会使动机与效果大相异趣，对于一个没落的阶级尤其如此。其二，有人说过：戊戌政变杀青年人、南方人多；八国联军杀老年人、北方人多。透过这种南北方和青老年的对立，是改革人物与顽固保守人物的对立。侵略者用暴力消灭了后一类人物中的一部分，同时又以此震慑了其他一部分人。这并不是一件值得称颂的事，但它导致的结果却是为中国的改革消除了一些阻力。**许多历史的是非是隐藏在深处的，只有透过某些历史细节的表象，才能把握历史迈进的步伐和节奏。**

清末新政是以自下而上的推动和自上而下的改革双向互动的形式出现的。清政府原想借此实现王朝的自我挽救，但新政非但没有延长它的寿命，从某种意义上说还加速了它的灭亡。他推行教育改革，是想造就“尊崇孔教，爱戴大清国”的人，但无论是在国内新式学堂中还是在留学生中，清政府并没有获得多少为己所用的人才，反而出现了一个不同于传统士子的知识分子群体，成为王朝的掘墓人。清政府在全国各省扩编新军，原本是要以此来弹压各种可能出现的变乱，却又给革命党人在各省以发展革命势力的机会，新军绝大多数成了王朝的“叛兵”。清政府奖励实业，原想借此摆脱严重的财政危机，却导致了“资产阶级利益、知识分子利益与专制制度冲突越来越大”。所有这一切，都走向了清政府预想的反面。何以会如此？历来论者大都从其推行新政的动机来说明它的欺骗性和反动性，这并没有错，但问题并没有这么简单。清政府推行新政固然有取悦列强、拉拢立宪派、打击民主革命的一面，更有统治阶级变法自强的一面；它有欺骗、拂逆舆情的一面，更有符合历史逻辑的具体内容。历史的效果往往不以人们的动机为转移。清末官制改革，在客观上推动了国家体制的近代化；教育改革，奠定了中国近代化教育的基础；军制改革，推进了中国军事的近代化；法律改革，开了中国法制近代化的先河；奖励实业，则直接促成了创办实业的高潮。因噎废食，防弊废事，并不是一种科学的态度。人们习惯于用御史欧家廉的几句话“易私塾门榜即为学堂，改亲兵衣饰即为巡警，建一二洋式衙署，用一二留学生，即是崇奉西法”，来说明新政的有名无实。这段话固然反映了当时的一些实况，但远不是新政的全部。清政府“清理财政而漏卮愈大，编练斯军而哗变愈众，改轻刑律而断狱愈多。事事有尽更其故之思，人人有不如其初之慨”。新政走向灭亡，有其更深层的原因，这里不想谈得太远，单就其中两点来加以说明。

（一）旧人办新政。清末虽然改革了制度，但是却任用曾与改革为敌的人来推行新政，有着深刻的历史原因。但这样一来，不仅冲淡了新政的革新色彩，还限制了新政的历史发展。**新的制度要求有新的价值观念、思想和行为模式与之相适应，否则就绝不可能赋予新制度以真实的生命力，失败和畸形发展的悲剧性结局也是不可避免的**。就晚清新政而言，直接参与其事的“枢臣疆吏”有奕劻、载泽、戴鸿慈、袁世凯、端方、荣庆、铁良、寿 愭、世续、载沣、瞿鸿机、那桐、载洵、绍昌等。在这些人中，凡是有立宪倾向的，大多只是“言官”而没有实权，其余绝大多数也只是有王朝自救的意识，而没有变革的思想。可以说是既无实施宪政的诚意又缺乏推行宪政的能力。即是谘议局和资政院中的议员，不向皇帝磕头就不舒服，不叫谢恩就不是滋味的，也大有人在；不知立宪为何物或干脆反对立宪的人物更不在少数。这类人物在资政院的“钦选”议员中所占比例尤为突出。因为“钦选”议员主要是由皇亲贵胄、王公世爵和硕学通儒所构成的。即使在“民选”的议员中，有功名的亦占89.2%。当然有功名的并非就是抱残守缺的，但就整体而言，他们的落后性更多于进步性。应该说，在“预备立宪”之初，统治集团中有些人还是寄以希望的，但旧的政治惯性又吞噬了这种希望。一位官僚曾不无悲愤地说：“在位诸臣，人各有心，或阳奉而阴违，或始勤而终怠，行之不力，则功堕半途。”新政终因执行无人而使朝廷之信渐坠，国民失望愈深。自救的新政不仅无法保持王朝的内在凝聚力和集体价值，反而使社会益形棼乱，成了王朗的催命符。

（二）传统和既得利益的双重阻力。一切改革的推进都必然会碰到来自既得利益和传统文化这两方面的阻力。因为改革无可避免地会触动既得利益和传统的价值。在近代中国，这双重阻力表现得尤其明显。**中国的传统既深且久，有极大的凝固性，不破传统就不能前进。但自周秦以来形成的文化传统，已与民族习惯、民间生活浑然一体，无所不在。更可怕的是，这种阻力又往往与既得利益扭结在一块，形成一种强大的抗改革因素。**从1906年的“立宪改官”到1911年“皇族内阁”，统治阶级内部的各种势力和派别，围绕着权力的再分配展开了残酷的斗争。如荣庆之于张百熙，奕劻之于瞿鸿机，铁良之于袁世凯，都是这种争夺的具体表现。一方面是掌握着国家最高权力的皇亲贵胄害怕大权落在其他阶级的手中，而拼命地借“预备立宪”的名义推行中央集权。另一方面则是地方督抚要划分中央与地方行政权限，实行责任内阁制，用以削弱君主与王公大臣的权力。一方面是皇亲贵胄拼命排挤汉族官僚，剥夺汉族官僚的某些职位和权力。另一方面则是汉族官僚竭力培植各自的势力和各种社会关系，与之对抗。一些过去被摒弃于仕宦门外的士绅，也想伺立宪之机，谋取一官半职。透过中央与地方、集权与分权、满与汉等诸种矛盾和冲突，是改革与传统的对立，改革与既得利益的冲突。梁启超指出：清政府“号称预备立宪改革官制，一若发愤以刷新前此之腐败，夷考其实，无一如其所言，而徒为权位之争夺，势力之倾轧。籍权限之说以为挤排异己之具；借新缺之立以为位置私人之途；贿赂公行，朋党各树，而庶政不举。对外之不竞，视前此且更甚焉”。在新政的推行中，贿赂、请托、勒索、钻营、排挤、倾轧，各种卑劣的心机与手腕都无所不用其极地施展出来。有人慨乎言之：“自明降谕旨改革官制以来迄于今日，大小臣工，徘徊瞻顾，虚悬草案，施行无期，而昏夜乞怜，蝇营狗苟，其风益炽。清议不足畏，官常不足守。上则社鼠城狐，要结权贵；下则如饥鹰饿虎，残噬善类。”这一点，在清政府濒临灭亡之际颁布的《实行宪政谕》中说得更清楚：“政地多用亲贵，则显戾宪章；路事朦于佥壬，则动违舆论，促行新治，而官绅或借为网利之图；更改旧制，而权豪或只为自便之计；民财之取已多，而未办一利民之事，司法之诏屡下，而实无一守法之人。驯致怨积于下而朕不知，祸迫于前而朕不觉。”结果愈改愈乱，愈革愈糟，从内部加速了清王朝的解体。这是清王朝所不愿看到的结局，但又是它一手造成的。历史有情乎？无情乎？

第四章

小国的大政治

第一节　一种新的制度

英国作为一个对世界有过重大影响的国家，之所以有如此大的影响力，与它的早期变革不无相关。当然，在变革的前期，英国和其他所有国家一样，经历了一个不同凡响的时代。英国在“光荣革命”之后正式确立了君主立宪制，但君主立宪制从确立到完善仍然经历了很长一段时间。在此期间，君主的权力逐渐衰落，而议会的权力则不断上升，产生于议会的责任制政府也逐步建立起来。光荣革命为不断的社会变革打开了通道，这也成为英国最终能够引领世界潮流的最重要因素。

首先是限制君主权力。1689年的《权利法案》确立了君主立宪制的基本框架；1689年的《兵变法》在很大范围内剥夺了国王对军队的控制权；而1694年的《三年法案》，使得议会能够成为一个限制王权的常设性的立法机构。英国历史上的“无议会时期”、“长期议会”、“短期议会”等现象一去不复返了。这些意味着，国王不顾议会的意愿而独断专行的时代已经过去了，议会已成为决定性力量。

国王失去否决权是君权丢失的一个重要步骤。光荣革命后，国王行使否决权的次数渐渐减少，1689—1696年间，威廉三世曾五次行使否决权，此后的安妮女王则仅在1708年行使过一次否决权，再以后，“国王的否决权变成一项有名无实的虚权，议会通过的法案提交国王签署只是成为一种例行手续罢了。”当时，整个欧洲都在加强君主的权力，而英国人却已经限制了国王的权力，迈向了君主立宪制。

在王位继承问题上议会也发挥着决定性影响，国王不再是血统世袭的当然产物，而是由议会来做最后的决定了。1701年，议会通过《王位继承法》，明确规定今后英国王位不得传给天主教徒，而将由信奉新教的德国汉诺威王室的索菲亚及其后裔继承，且继承王位必须得到议会的同意；同时还规定，国家一切法律与条例都必须经过议会批准而生效。《王位继承法》的通过，使得君主立宪制的本质得到了明确的体现。

国王的权力受到了限制，议会成了权力的中心，这体现在责任政府制度也就是内阁制的形成及发展上。英国是最早确立内阁制的国家，我们所说的现代意义上的政府就起源于英国。有学者认为：“英国内阁制的前身，远的可以追溯到中世纪的‘小议会’、咨询会，近的可至16、17世纪的枢密院。”但实际上，现代意义上的政府的形成还是光荣革命以后的事情。当时，在国王与议会之间，立法权与行政权的关系问题一直没有明确和理顺。国王拥有完整和独立的行政权，依靠枢密院的辅佐来处理国务。渐渐地，一些最有权势的枢密官开始形成一个小集团，他们之间往往事先就某些问题达成一致意见，从而对国王的决策产生举足轻重的影响，而威廉三世也“经常与枢密院中这个小团体的成员一起开会讨论国事，特别就外交问题征求他们的意见”。这个小团体实际上就是今天内阁的雏形。

早期的内阁，出席人员相对稳定，大约只有10人左右。为避免意见分歧，国王往往从同一党派中挑选内阁成员，因此内阁意见比较一致，政府的运作也较为顺利。不过，一党制内阁在初期运作过程中也出现了一些问题，主要表现在：一旦议会多数党派发生变化，内阁成员是否也应该发生变化，当时的情况是：国王往往根据个人喜好，不愿意根据议会多数党派的变化而撤换内阁。这样一来，当议会的多数党发生变化后，势必会造成多数党主宰的议会与国王控制的政府之间的矛盾与冲突。由于内阁大臣受国王任命，仅仅以个人身份对国王而不对议会负责，使得议会无法控制政府；而议会虽然可运用自己的权力制定法律，但国王可以行使自己的特权而不加理会。这样造成的结果是，议会的立法权与国王的行政权各行其是，且不服从，二者之间缺乏有效的配合机制，由此造成国事的混乱状态。

到了安妮女王当政时期，情况有了进一步的变化，从而促成了责任内阁制的进一步形成。首先，根据形势的变化，安妮女王抛弃个人情感，开创了内阁与议会多数党一致的先例，从而奠定了后政府与议会多数党一致的基础；其次，议会与政府大臣之间建立了有机联系，内阁处于议会的绝对控制之下；最后是集体责任制的出台，即内阁大臣们形成了一个习惯，遇事先在他们内部进行磋商，内阁达成一致意见以后再呈报给女王，这样又形成了一个先例，即内阁意见必须统一，由此就逐步发展成为内阁的集体责任制。这样一来，内阁对议会而非对国王负责的惯例保留了下来，并逐渐成为一条根本的原则。这是英国走向责任内阁制的又一个里程碑。

1714年安妮女王去世，来自德国汉诺威的候选帝入主英国，汉诺威王朝由此拉开帷幕。由于乔治一世与乔治二世不懂英语，又不熟悉英国政风民情，因此只是乐于做一位虚君，而很少去料理国务。渐渐地，他们不再参加内阁会议了。这样一来，内阁大臣们有事时不再找国王，而是自己先聚在一起商定对策，然后再提交国王认可。乔治一世、乔治二世对于内阁的做法表示认可，因为这为他们省掉不少麻烦琐事。慢慢地，内阁在议会多数议员的支持下执掌政务，国王不再参加内阁会议的做法牢固地确立下来，行政权由此从国王向内阁转移，这逐渐形成了一种惯例。

在国王不出席议会的情况下，内阁议会讨论时常陷入混乱，各方之间争执激烈，难以统一意见。“为了在讨论时取得一致意见并把意见集中起来通知国王，渐渐在内阁大臣中出现了一个主持讨论的人。国王本人也感到有了这样一个人可以使意见容易集中，避免分歧，既有利于他对内阁意见的掌握，也有利于使内阁的意见在议会获得通过。”这样原先地位平等的内阁成员中，就逐渐涌现出一个地位较高的主持人与领导人，此人就是后来的“首相”。一般认为，来自辉格党的罗伯特·沃尔波尔是事实上的英国第一位内阁首相。

内阁与首相的出现，表明英国责任内阁制的基本确立。纵观当时的世界各国，大多数国家依然推行君主专制，尽管有些国家也存在名义上的“政府”，但只不过是国王推行自己政策的工具而已。而具有首创精神的英国人，在世界上第一个打破了专制王权，并在架空国王的情况下建立了世界上第一个责任制政府。英国由此成为现代政府制度的创立者。英国人树立的这种表率作用，对于世界其他国家产生了深远的影响。

值得注意的是，光荣革命特别是汉诺威王朝入主英国后，已经萌芽的两党制度不断发展成熟，君主从国家权力中心退出，这为政党执政提供了前提。现代政党政治起源于英国，英国两党制的兴起及其发展，同样为世界其他国家树立了榜样。政党政治的出现，是英国走向现代大众政治的一个重要体现。英国的两党起源于光荣革命前夕。随着国王权力的消退，政党的力量逐渐显露出来，两党共同参政的情况一直延续到18世纪初。随后，由于部分托利党人的复辟企图，特别是一些托利党人直接卷入詹姆斯分子的叛乱，彻底断送了托利党的政治前途，从而造成了18世纪上半叶的“辉格优势”局面。从1714年起，辉格党不仅轻而易举地取得了历次议会选举的胜利，而且成功地将托利党人全部赶出政坛，中央政府完全由辉格党控制，辉格党成为“宫廷党”；托利党则退居乡间，长期处于在野地位，沦为“乡村党”。这就是史书上所称的1714—1760年间长约半个世纪的“辉格党优势”的局面。

总而言之，光荣革命后，随着议会主权原则的确立，国家政权日益转移到议会手中，谁控制议会，谁就掌握了国家的权力。议会主权原则的确立，对于此后英国向民主政治的过渡极为重要。另外，放眼当时的世界各国，有的国家根本没有议会或者类似的机构，有的国家即便有议会或类似的机构，但也仅仅是一种摆设而已。**英国人在君主立宪的政体之下确立了议会主权的原则，这可以说是政治制度方面的重大创新。后来西方各国在步入民主政治的行列之时，都自觉或者不自觉地以英国为榜样。英国的这种首创性，对于世界各国政治发展的意义，确实是不言而喻的。**

第二节 遍及世界的战火

光荣革命后，英国终于结束了国内长期的政治纷争，而对外殖民扩张则成为了英国关注的重点。此后的近一个世纪中，英国积极参加了和欧洲各国争夺世界霸权的斗争。**随着1763年英法七年战争的结束，英国确立了以北美殖民地为中心的庞大的殖民帝国。殖民帝国的建立表明英国已成为世界主要的殖民国家，这也为以后英国成为“世界工厂”提供了广阔的外部市场的支持。**

殖民国的指导思想是重商主义，殖民帝国是一个商业帝国。英国很早就执行晚期重商主义，强调发展手工业，强调以生产为基础的商业扩张。托马斯·孟对帝国在商业中的重要性十分重视，它把殖民地看做是对外贸易的基本环节。1630年他写成《英国得自对外贸易的财富》一书，系统地提出了贸易差额论的新主张。他说：“对外贸易是增加我们的财富和现金的通常手段，在这一点上我们必须时刻谨守这一原则：在价值上，每年卖给外国人的货物，必须比我们消费他们的为多。”

托马斯·孟认为早期重商主义者追求每一笔单个贸易的顺差，这只是一种低级贸易差额论；他强调要从全局的角度追求总体贸易顺差，为此应重视同殖民地国家之间的贸易，认为这会使英国发财致富。殖民国就是在这种理论基础上建立的。在殖民帝国，英国是生产国，殖民地提供原料、接受产品，通过这样双向的对外贸易，英国大发其财。为此，国家必须实行保护贸易的政策，不让其他任何国家染指英国的殖民地。

为此，英国积极投入到欧洲乃至世界范围内的殖民争霸战争中。英国参与的第一场殖民争霸战争是1689—1697年的奥格斯堡同盟战争，又称“威廉王战争”。这场实际上由英国所领导的反法战争断断续续持续了八年，最后，打得筋疲力尽的双方被迫走到谈判桌前，签订了《里斯威克条约》，法国归还除斯特拉斯堡之外所夺取的一切领地，承认威廉三世为英国国王。不过，和约的签订实际上没有解决任何问题，英法之间的对立仍然持续着，并逐渐演变成旷日持久的世纪争霸。

1702—1711年英法为西班牙王位继承问题又展开争夺。战争的殖民争霸性质非常明显，因此战场拉得很开，包括西属尼德兰、德意志、西班牙、地中海以及北美殖民地在内的地区全都卷入进去。1704年8月的多瑙河沿岸的布伦海姆大捷无疑是其中的一场经典战役，它是英国击败法国、称霸欧洲乃至世界的一个重要转折点。英军统帅马尔博罗公爵的军事天才在战争中发挥得淋漓尽致，英军取得了辉煌的胜利。布伦海姆大捷令整个欧洲，尤其是法国目瞪口呆。挟着胜利者的余威，英国海军又攻下了直布罗陀，从而控制了大西洋通往地中海的门户。直布罗陀此后一直掌握在英国人手中，成为其海上优势的根本保障。

从1711年开始，经历了两年多的艰苦谈判，交战各方之间签订了《乌特勒支条约》。根据条约规定，法王承认英国新教国王的继承权，英、奥等国则承认路易十四之孙成为西班牙国王，拥有西班牙的所有殖民地，但规定法国与西班牙不得合并；奥地利得到了米兰、那不勒斯和西属尼德兰；英国获益最多，不仅得到广阔的殖民地，如地中海的直布罗陀、梅诺卡岛、北美的哈德逊湾流域与新斯科舍以及西印度的一些岛屿等，而且还获得向西属美洲殖民地为期30年的贩卖黑奴的垄断权，以及每年向该地区派出一艘货载620吨的商船的权利。

从战争本身以及战后条约来看，英国无疑是最大的赢家。在战争中，最大的对手法国被彻底打败，西班牙的实力也遭到削弱，从而扫清了英国在殖民扩张道路上的重要障碍；另一方面，通过条约，英国得到了广阔的殖民地，帝国的版图扩大了，无论在欧洲，还是在北美或者西印度，英国的殖民地都在增加；对外贸易的垄断权也使得英国得到最大实惠，因为这是建立重商帝国的必备条件。战争结束后，英国拥有了一支欧洲最为强大的海军，西班牙的海上力量早已被削弱，唯一能与英国对抗的法国海军力量，在这次海战中也被英国人击溃，在短期内无法与英国相抗衡了。随着海军实力的增强以及殖民地的扩大，英国的商业触角也随之伸向全世界，英国的影响力，也逐渐迈出欧洲而走向世界了。总体而言，此时的英国，在与欧洲各国争夺霸权的初次交锋中，已经占据上风，从而跻身于欧洲的殖民强国行列。这意味着在通往“日不落帝国”之路上，英国迈出了坚实的一步。

《乌特勒支条约》签订后，由于欧洲总的“政治、军事和经济力量的均势”，因此出现了“长达近20年的英法缓和”局面。但从18世纪30年代起，不断发生英国人违反条约向西属美洲殖民地大规模走私黑奴与商品的事件，由此引发了1739年的“詹金斯耳朵之战”。这是英国为了争夺殖民地而主动挑起的第一场战争。但战争还没进行多久，英国又卷入了欧洲发生的更大规模的冲突之中，这就是1740年的奥地利王位继承战争。对于英国而言，参战的主要目标不仅在于遏制法国在欧洲的势力，而且希望借此争夺法国的海外殖民地，从而树立在全球范围内的霸权。这样，这场因为欧洲王位继承问题而引发的战争，其战场就不仅包括传统的欧洲，而且还包括北美与印度。因此，这是一场地地道道的世界性战争。

这场战争无果而终，根据1748年的《艾克斯——拉夏佩勒条约》，双方各自归还在战争中占领的领土，英法之间的矛盾在这场战争中没有得到缓解，反而在战后愈演愈烈。尤其是在北美与印度殖民地的争夺上，英法之间的冲突进入白热化阶段。小规模的冲突已经不能解决问题，而通过战场上的较量来一次“总的解决”已经不可避免，这就导致了七年战争的爆发。

七年战争是英国迈出欧洲、与法国争夺世界霸权的一场决定性战争。战争的目标是非常明显的，即全力争夺海外殖民地，并对殖民地的贸易进行垄断。战争的结果对于英法双方来说都极其重要，谁能取得胜利，谁就能建立世界上最庞大的殖民帝国，谁就能垄断对殖民地的贸易，进而发展成为世界性的强国。英国组织的殖民地军队主要在北美、印度和海上与法军进行了激烈的战争。战争开始后，英国的军事优势，尤其是海军力量的优势很快就显露出来了。在北美、加勒比和印度的陆战中，英国军队取得了光荣的胜利；在海战中，从1759年起，英军先后打败了法国的地中海舰队和大西洋舰队，从此，法国的海军力量基本被消灭了。1763年战争结束后，英国以胜利者的姿态坐到了谈判桌前，并与法国签订了《巴黎和约》。

《巴黎和约》的签订，意味着在英法两国持续几十年的海外殖民争霸中，法国失败了，而英国的霸权地位则确立起来。根据和约，英国在美洲得到加拿大、新斯科舍、布雷顿角及附近岛屿，还获得了在密西西比河上航行的权利，这对于同印第安人开展贸易十分重要。这样，法国在北美的殖民势力几乎被根除，英国的北美殖民帝国基本成形。在印度，尽管英法双方互相交换了战争中各自占领的领土，但法国人企图独霸印度次大陆的野心终被彻底挫败。在加勒比地区，英国归还了一些战争中征服的岛屿，但得到了圣文森特、多巴哥、多米尼加、格林纳达等岛屿。此外，英国还得到了非洲的塞内加尔，收回了欧洲的梅诺卡，哈瓦那与马尼拉则重新归还给了西班牙。这样，随着另一个殖民强国——法国的溃败，英国牢固地树立起了全球殖民霸权与商业霸权，一个世界范围内的英帝国已具雏形，英国也由此成为世界上最强大的海上强国。

第三节 社会结构的转型

从1688年光荣革命到18世纪下半叶工业革命前，英国社会经历了巨大的变化。社会变化为工业生产力取代农业生产力提供了合适的环境，工业革命需要在这一环境中发生。社会变化最主要的表现为社会结构的分化与重组，它所造成的结果是，一种适宜开展工业化的独特社会结构形成了。**工业革命之所以在英国首先发生，其根源也许并不在于英国具备了适宜的经济基础，而是在于英国形成了与工业化要求相适合的社会结构**。

光荣革命后的近一个世纪里，英国社会基本上可以划分为三个阶层：以大土地所有者为核心的社会上层；以小地主、农场主、专业人员、商人为主的中间阶层；以小农、农业工人、城市贫民、城市劳工等为主的社会下层。在这一转型时期，传统农业社会中的“地主——农民”式的社会结构被打破了，新的社会群体开始涌现出来，并促使先前那种封闭的、刚性的社会结构，渐渐被具有一定程度的开放性的、流动性的弹性社会结构所取代。英国这种独特的社会结构，为其向现代工业社会转型提供了重要的保障。

大土地所有者在18世纪的经济力量上升了。有材料显示，1690年，贵族占有土地的比例为15%~20%，一个世纪以后则上升到20%～25%。这充分表明，在整个18世纪，贵族的经济力量上升。因此，在英国，18世纪又被称为“贵族的世纪”。大地产扩张与当时不断推向高潮的圈地运动有关。延续了几个世纪的圈地运动使得农村的小土地所有者阶层逐渐被消灭，原有的社会结构也被打破，农村形成了一种新的社会结构：地主——租地农场主——农业工人。圈地后产生的农场，成为一种有竞争力的农业企业，它促进了农业生产力的提高。由此看来，圈地运动及其造成的社会变化，有利于促进农业市场化与商品化进程，从而为工业社会的到来做好了准备。

贵族的经营方式可谓多种多样。一般的，贵族大致采取三类经营方式：其一，自己及家族成员经营农场，并率先进行农业改革。早在光荣革命前后，一些贵族就开始创办带有示范性质的“家内农场”，到18世纪，则涌现出一批贵族农业改革家。如1730年，唐森子爵就开始在诺福克的农场上试行有规律的轮作制，将种植业与畜牧业有机结合，收入大大增加，他首倡的“诺福克耕作法”也逐渐被推广开来。其二，经营商业性农场，使用雇佣劳动力。羊毛利润的高涨推动了养羊业的兴盛，一些贵族纷纷将耕地变成牧场养羊，生产的羊毛成为商品直接推向市场。这类贵族也由从前的地主转变为经营性的资本家。其三，自己并不直接经营地产，而是将土地租给农场主，依靠土地租金获益。当然除了土地之外，英国好多贵族也从事各种各样的商业活动。

英国的主流意识形态对工商业发财致富一直持提倡态度，而贵族们也不反对从工商业中谋利。这种开明、现实的态度，决定了贵族能在一个不断变动的转型社会中始终保持自己的经济与社会地位。贵族圈占土地作为牧场就是他们转向市场化与商品化的一个重要方面，这给他们带来的利润是非常惊人的。为了挖掘土地的潜力，贵族们还与农场主一起，积极推行农业改良。许多贵族在自己经营的土地上试种新品种，采用新的轮种制、试验马耕法、培育优良畜种。

有些贵族庄园的地下蕴藏着高价值的矿产资源和其他经济资源，他们便可直接从矿产开采中获利。这是因为，与欧洲大陆国家不同的是，英国的矿物资源属于土地所有者，不属于皇室，这就为贵族们创办矿产企业提供了更多机会。我们看到，由于贵族是最大的土地所有者，所以当时的大矿山几乎被贵族霸占。“在矿业发展的高潮中，贵族大地产者的资本不仅在同类企业里相当居前，而且一些人的工业投资已经远远超过他们的农业投资，由此成为典型的贵族地主兼资本家。”还有一些贵族直接从事以运河修建为主的交通运输业。18世纪50年代，布里奇沃特公爵修成当时著名的沃斯利运河，将他的煤矿区与曼彻斯特中心区连接起来，获益甚丰。在获取利润目标的驱使下，在金融债券业投资的贵族也并不罕见。

不难看出，在一个转型社会中，英国贵族在经济上并没有执著于土地，而是出现了一些变异，即在很大程度上也投身于各种有利可图的工商业活动，这不仅有利于贵族在转型社会中维持自己的经济地位，也有利于贵族资本从传统的农业领域向新兴的工商业领域的转移，在一定程度上解决了工业革命所需要的资本原始积累。贵族在经济活动方面的这种变异，在欧洲乃至世界各国中是绝无仅有的。这种变异的产生，是英国社会出现的一种特有的现象，它使得整个社会在从农业社会向工业社会转变时，作为传统社会主宰的贵族，不会起到一种顽固不化的阻碍作用，而是起到积极的推动与促进作用，从而有利于工业社会在英国的生成。在这方面，英国确实有别于其他欧洲国家。因此，当工业化潮流在各国兴起之时，其他国家传统的贵族，或者漠视，或者反对，只有在英国，贵族们表现出了前所未有的热情，直接参与并推动工业化进程。社会上层的这种支持态度，使得英国工业化的推行极为顺利，从而使得英国很快登上了世界强国的顶峰。由此看来，当一个有利于社会经济发展的新鲜事物产生时，社会上层的态度变得多么重要。

随着农村的发展以及城市的扩张，新兴的中间阶层在英国应运而生。这里所指的中间阶层，主要是指农村的中小土地所有者，城市的商人、作坊主等等。农村的中产者主要分为两类：乡绅与租地农场主。乡绅是农村中介于有封号的贵族与自由持有农之间的一个社会阶层，其经济实力差别较大。乡绅阶层在18世纪有所扩大，主要原因是在圈地运动以及价格革命时期，一些善于经营的富裕农民由于地产的扩大而进入乡绅行列。作为农村的小地主，乡绅往往直接经营地产，有的也从事工商业投资，以从各方面获取利润。租地农场主则指那些从贵族手中租用土地、雇佣农业工人从事农业生产的人，其本身并不占有土地，只不过借助土地来获取利润。由于土地是农场主利润的唯一源泉，为此，农场主在推行农业改良、最大限度地开发土地方面充当了急先锋。总体而言，乡绅与农场主阶层的兴起，瓦解了传统农业社会中地主农民的两极结构，并形成了一个新的农村社会阶层，这个社会阶层的兴起，与农业的商品化、市场化是联系在一起的，它为英国向新型工业化社会的过渡奠定了基础。

商人是城市中间阶层的代表。在工业化时期，英国商人的涵盖范围极其广泛，既包括大商人、银行家、企业主，也包括小商贩、手工业者等，其拥有的财富也不等。值得注意的是，在社会转型时期，还出现了一些同时活跃于生产与流通领域的中间商，他们是一股新的社会力量。英国商人阶层的兴起，与当时流行的强调拓展对外贸易的晚期重商主义思潮有关。英国生产的商品主要不再是为了满足国内的消费需求，而是推向海外的殖民地。海外殖民地提供的广阔市场，反过来刺激了英国工商业的发展，从而为英国工业革命提供了前提。

值得注意的是，商人阶层一经出现，即在英国获得了很高的社会地位。在欧洲其他国家，虽然在一段时期内也出现了商业阶层的兴起，商人尽管经济地位很高，但社会地位与政治地位却始终低下，经商被认为是依靠欺诈牟利的不光彩的职业，受到社会主流意识的排斥，这在客观上不利于商业的进步发展，也使得工业革命不可能在这些国家首先发生。英国的情况却恰恰相反，作为社会统治者的贵族阶层，为了维护其经济地位，自身也不同程度地卷入了工商业活动。为此，在社会主流意识中，商业活动也被认为是正当的、合理的，甚至是值得提倡的。举一个例子就够了，当时的小说家丹尼尔·笛福在其著作中，将商人看做英雄和顶礼膜拜的理想人物，商人的美德在他眼中几乎被解释成英国人的美德。商人在英国社会中的较高地位，客观上有利于工业化社会的生成。

至于社会下层，其涵盖面则十分广泛，在城市中既包括一些劳工、仆役，也包括流民、乞丐等；在农村中，农业工人则成为社会下层的主体。圈地过程实际就是一个消灭小土地所有者的过程。失去土地的小农当时面临两种选择：其一，仍然待在原来的土地上，沦为依靠向贵族或农场主出卖劳动力为生的农业工人；其二，流入城市，一些人成为手工业者或工厂工人，一些人则沦为乞丐或者流民。由此看来，圈地运动对于工业革命的一个重要贡献在于，传统社会中的土地对于人口的束缚完全被解除了，绝大多数失去土地的小农，或者沦为农业工人，或者沦为工厂工人。一个富裕的工业化社会依赖于生产的提高，而自由劳动力又是生产的一个关键因素。对于英国而言，在工业化社会来临之前，几个世纪以来圈地运动的进行，早就为工业革命带来了充足的自由劳动力，从而保证了工业化浪潮在英国的顺利推进。

从以上分析可以看出，在从农业社会向工业社会转型的过程中，英国社会出现了严重分化，形成一种独特的三层式社会结构。值得注意的是，在三个社会阶层中，中间阶层即所谓的“中等阶级”力量较强，且不断发展壮大，其经济地位与社会地位很突出。相对于欧洲大陆其他国家而言，在社会的分化与新型社会结构的生成方面，英国走在了其他国家的前列，从而保证了英国率先进入一个全新的工业化社会。在这种变化的形势下，哪一个国家最先完成社会结构的转轨，它就走在历史潮流的前面。至于中间阶层即“中等阶级”的产生，在其他国家也有过，不过这些国家的中等阶级，力量一般相对弱小，还没有强大到可以与旧势力相抗衡的地步，而且经济地位较高的中等阶级，其社会地位低下，得不到主流社会的认可。这样，在社会转轨的历史关头，这些国家于是就落后了，它们被英国远远地抛在了后面；英国最终成为世界性的强国，就在情理之中了。

社会结构的分化与整合，主要是通过社会流动的方式来实现的。社会流动一般分为水平流动与垂直流动。水平流动并不会改变一个人的社会地位；垂直流动则意味着个人在不同社会阶层之间位置的升降，它不仅会牵涉个人社会地位的变化，而且还会引起各社会阶层力量对比的变化，从而使得社会分层从量的变化过渡到质的变化。总体而言，英国的社会结构是开放的，社会各阶层之间频繁的垂直流动从来就没有停止过。通过不断地分化与重组，一个新的社会由此形成。

贵族阶层的流动往往体现为一些贵族的后代从社会上层向中间阶层甚至社会下层流动。在英国，贵族的地产与财产实行严格的长子继承制。按照惯例，贵族长子可以心安理得地独占前辈的财产。如果长子仁慈，其他的子女也可能得到一些财产，或者经商，或者从政，过上优裕生活，由此步入社会中层行列；而如果长子刻薄吝啬，那么，其他子女可能会被赶出家门，自谋生路，由此造成一些贵族后代没落，沦为社会下层。一般而言，贵族后代向社会中层流动的较多，真正沦为社会下层的十分罕见。社会上层的分化，尤其是大量贵族子弟向中间阶层的流动，无疑充当了社会中层的力量，同时也使得出身高贵的贵族，形成了一种易于接受社会中层的态度。

至于中间阶层与社会下层通过君主封赐的方式进入贵族阶层的流动，理论上是可行的，现实中也存在，不过这样的几率在英国实在是太小了。这是因为，相对于欧洲大陆国家而言，英国贵族封赐范围较窄，受封对象限于王室成员、宫廷宠幸、政府要员、高级军官和政党骨干，一般政府官员和平民无望进入贵族阶层。有材料显示，英国18世纪册封的229名贵族中，至少有206人以前与贵族有着各种各样的关系，只有23人没有这种关系。由此可见，贵族爵位绝非一般人所能染指。

相对于贵族阶层而言，中间阶层的开放是全方位的：一方面，一些失去土地与爵位的贵族子弟往往流入中间阶层；另一方面，社会下层通过把握机遇、努力奋斗而进入中间阶层的例子比较多见，中间阶层几乎成为各类社会流动的中转站。贵族子弟流入中间阶层的情况较为普遍，对于社会下层而言，学徒制是他们进入社会中层的重要途径，出身贫寒者通过学徒制上升为企业主的不乏其人。工业化早期，一些工业家的发家奋斗经历表明他们怎样从卑微的出身开始向上爬：他们或出身于店主、农村手艺人，或出身于农民家庭，通过自身的努力，最终成为工业社会的弄潮儿。

总而言之，从光荣革命到工业化来临前的近一个世纪中，英国的三层式社会结构始终处于轰轰烈烈的重新组合的过程中，其显著特点是有数量众多、层次复杂的中等阶级的出现，它既包括农村的地主，也包括城市商人、工匠和各种专业人员。通过不断地分化与整合，传统社会中金字塔型的社会结构彻底瓦解，形成新的三层式社会结构。与传统社会不同，新的社会阶层之间的流动性大大增强，这种不断加速的流动，造成的总体趋向是：多数人向中间阶层聚集，中间阶层的力量逐渐发展壮大，并慢慢地取得社会的主导地位。**从本质上看，工业社会要求一个以中等阶级为主导的社会结构。在工业化开展以前，英国已经在社会结构方面作好了准备。英国这种独特的情况，是世界其他国家所没有的。**由此可见，在创造适宜于工业化的社会结构方面，英国又走在了其他国家的前列。从这个角度上，我们看到：工业化之前的一个世纪中，英国社会结构的重新整合为英国走向工业革命奠定了基础。

第四节 “合理”地追求财富

工业化之前，英国与其他国家一样，仍然处于传统的农业社会。不过，与其他国家截然不同的是，就是在这样一个传统的农业社会中，一股发展生产、追求财富的潮流在英国勃然兴起，并得到了社会各阶层的认可。

追求财富的欲望古已有之，在任何社会都不可避免。不过，有欲望并不意味着可以去追求，还必须得到社会的认同。在中世纪，社会是压制人们的欲望的，等级制和基督教都主张抑制人们的追求。**在英国，自君主专制开始情况渐为不同，尤其是清教思想传播之后，一种通过个人奋斗去“合理谋利”的思潮逐渐扩散。这种新的价值观念逐渐得到社会各个阶层尤其是统治阶层的认可，成为一种新的时代精神。价值观念的变化为工业社会的勃兴创造了十分重要的思想前提。**

财富的增加是国家走向富强的条件。前面我们已经谈到，早期重商主义者与晚期重商主义者在财富观以及在获取财富的途径上有所不同。值得关注的是，以托马斯·孟为代表的晚期重商主义者，在提倡对外贸易的基础上，提出了早期的重商主义理论，即为了保持贸易顺差，国家就要多出口商品；而为了增加出口，就必须扩大商品的生产，为了扩大商品生产，就必须大力发展手工业、制造业等，并为这些行业的发展创造条件。托马斯·孟的早期重商主义理论，反映了资本主义工厂手工业发展的需要，从而为国家审视并提倡手工业、制造业的发展提供了舆论基础。

有重工倾向的重商主义理论被英国贵族阶级所接受。18世纪的英国社会是贵族的社会，贵族主导着主流的社会意识，而贵族们对新兴工商业阶层的态度直接决定着社会总体的价值观。正如前文所言，与欧洲大陆贵族鄙视工商业活动截然相反，英国贵族不仅与工商业阶层有着千丝万缕的联系，而且自身也投入商业活动，从而加入到追求财富的洪流中。这样一来，社会上层对于城市工商业阶层对财富的积极追求就持一种肯定与支持的态度，通过上行下效，全社会对于追求财富的一种崇尚意识由此产生了，这就为一股新的社会潮流的兴起提供了必要的前提。

值得注意的是，英国人对财富的追求具有“合理谋利”的取向，这与清教传统有关系。自亨利八世宗教改革以来，英国就形成了浓厚的清教氛围。清教所强调的，一方面是勤奋，另一方面是节欲。清教精神既鼓励人们追求财富，又反对人们不讲信义。这种提倡合理谋利的教诲，促使人们靠自身的努力去扩大生产、创造财富，反对“昧良心”、赚黑钱，在商业上也要诚信可靠，不靠投机取巧走“捷径”。这就最终导致工业革命中一种合理精神的形成。

但仅有这种精神还不够。这是因为，如果人们的财产得不到保障，随时可以被当权者剥夺，那么合理谋利的精神便无从发挥作用，社会仍形不成追求财富的氛围。因此，为私有财产正名、确立其神圣不可侵犯的地位，就显得十分必要。在这一点上，英国人又走在了其他国家的前面。从16世纪末开始，当其他国家的教会、王室、贵族还无可置疑地任意剥夺私人财产时，英国的思想家们已经在严厉抨击这种做法，并且在为保护私有财产而辩护了。

从霍布斯开始，到威廉·配第，再到约翰·洛克，他们的著作，都阐述了一个共同的思想，即个人通过劳动所得到的私有财产神圣不可侵犯，这是“天赋人权”的一个必要组成部分，政府或国家应该保护个人的私有财产。这一思想形成之初，还遭到社会主体的质疑，但渐渐地人们接受了这种观点。到18世纪工业革命开始以前，已经被社会广为接受了。英国人可以理直气壮地去维护私有财产的神圣地位，而不必像中世纪那样“犹抱琵琶半遮面”了。

工业化是个财富快速增长的过程，很多国家一直到工业化带来财富增长之后才意识到确立私有财产权的迫切性，而英国却在工业化到来之前就已经解决了私有财产的地位问题，这也是英国率先走向工业化的一个重要标志。

致富的欲望加上私有财产权的确认，扫除了工业化兴起的许多障碍。但在国家政策的层面上，重商主义仍阻碍着工业化的形成。重商主义主张国家干预，是实行垄断政策的理论支柱。专制王权曾经利用它谋取私利，这也阻碍了国家的发展；专制王权消失后，重商主义的国策曾帮助英国保持过去的财富，但在工业化方兴未艾的时候，它变得越来越不合时宜。于是，突破重商主义的束缚，为经济“松绑”，就成为时代的需要，自由主义的经济理论就是在这种背景下出现的。

对重商主义理论进行彻底否定并进而推出工业主义理论的，是古典政治经济学家亚当·斯密。1776年，亚当·斯密就出版了《国民财富的性质和原因的研究》一书，系统提出了全新的自由主义的经济主张。亚当·斯密认为：资本的“唯一目的”在于“牟取暴利”，当资本家使用资本时，“既不打算促进公共的利益，也不知道他自己是在什么程度上促进那种利益……在这种场合，像在其他许多场合一样，他受着一只看不见的手的指导，去尽力达到一个并非他本意想要达到的目的”；换言之，“他追求自己的利益，往往使他能比在真正出乎本意的情况下更有效地促进社会的利益”。这只“看不见的手”，实际上是指一种“自由放任”的市场机制，这种机制要求生产在自由竞争中求生存，经济在自然状态下发展。

亚当·斯密还首先提出了“经济人”的概念，他认为人性是自私自利的，追逐个人利益是人的行为的根本动力，这在人的经济活动中表现得最为明显，因此，政府应该创造一种自由、公平的环境以保障个人的经济活动，国家对于私人经济生活的任何干预往往会起妨碍作用。这就是“自由放任”理论，它为人们放手追求财富作出了道德上的辩解，因为根据这种理论，每个人在追求个人财富时，也就在不知不觉中“增进了社会利益”，人们会出于自身利益的考虑而延福于全社会。

亚当·斯密的“自由放任”思想，公开鼓励人们去牟求私利，把追求利润看成是有利于自己、有利于国家的事情。这就为人们发财致富的愿望提供了最好的理论辩护，从而预示着一个新时代的来临。亚当·斯密的思想出台后，引起一定的社会反响，但并没有被英国社会普遍接受。庆幸的是亚当·斯密的思想后继有人，在19世纪初，大卫·李嘉图发展了亚当·斯密的“自由放任”思想。大卫·李嘉图认为：资本主义经济具有自行调节的功能，因此应该实行自由竞争，发展自由经济。他认为，国家对经济事务的干预有害无益，因为在没有政府的干预时，农业、商业和制造业最为繁荣。

“自由放任”理论是对传统重商主义的彻底否定，是对因国家无端插手经济活动而造成经济阻碍的现状的批判，这反映了当时英国经济发展的客观需要。如果说亚当·斯密与大卫·李嘉图是从经济方面论证了经济自由并鼓励人们追求私利的话，那么，杰里米·边沁则从伦理学的角度对这一理论给予了支持。就在法国大革命爆发的那一年，杰里米·边沁出版了《道德和立法原理导论》一书，系统阐述了其功利主义理论。杰里米·边沁强调个人追求幸福的权利，主张“鼓励人们为他人造福并不是取得最大限度幸福总和的最好方法，最好的方法是让个人尽可能自由地按自己的方法去追求自己的幸福”。也就是说，国家权力的行使应限于最小限度，即只限于保护自由和财产安全，除此之外，政府不应该作任何干预。

不难看出，杰里米·边沁的功利主义理论与亚当·斯密、大卫·李嘉图的理论，在鼓励人们追求财富和幸福、反对政府干预方面，确实有着异曲同工之处，他们只不过是从不同的角度，为自由主义经济政策的出台而大造声势。实际上，从18世纪末开始，工业主义与自由主义的经济思想逐步被英国统治阶层所接受，并在相关的国家政策中得以体现，由此极大地推动了工业生产的增长。进入19世纪后，处于工业革命高潮中的英国越来越认识到，强调垄断的重商主义已经不能适应经济发展的需要，在经济领域的各个方面，推行工业主义与自由主义政策，已经是新的时代需求。

总而言之，到工业革命开始前，一种全新的社会价值观在英国开始形成：欲望的合理性、合理牟利的精神、工业主义思想、私有权的确认以及要求国家推行自由主义经济政策的理论等等，所有这些，汇成一股新的时代潮流。这股潮流，推动着成千上万的人，充分发挥自己的才智，去追求与创造财富。由此不仅引发了一系列的技术变革，而且带来了工业生产力的巨大飞跃。英国首先迈入了工业化社会并成为了世界上最强盛的国家。

附：

奴隶贸易

奴隶贸易是从15世纪中叶开始的，是指西方殖民主义国家从非洲抓捕大批黑人，并把他们远程贩运到美洲等地的血腥的贸易活动。

在奴隶贸易中，英国一直占据着重要的位置，仅英国贩卖的奴隶就达到300万人，其中有1/3在贩运过程中饿死、病死了。奴隶贸易时期是非洲历史上一段最黑暗的时期。它使非洲大部分地方一片荒凉，而欧洲奴隶贩子却从中赚取了大量的钱财，促进了欧洲的经济繁荣。

位于加纳的埃尔米纳城堡是葡萄牙殖民者在非洲建造的第一个贩卖奴隶的据点，当地人也叫它“奴隶堡”。

1482年，葡萄牙殖民者在西非国家加纳的海边建造了一座漂亮的白色建筑——埃尔米纳城堡。这也是非洲第一座专门用于奴隶贸易的永久建筑。在随后的300年里，数千万非洲奴隶被囚禁在这座白色地牢中，等待被运至美洲。可以说这座白色建筑是奴隶贸易的最好见证。现在，每年都会有很多美国黑人奴隶的后裔纷纷来到这里，展开自己的寻根之旅，提醒自己谨记那段辛酸的历史。

奴隶被贩运至美洲后，从事最繁重的工作，在社会中处于最底层的地位。为了生存，黑奴不断地进行反抗，这种反抗成了废除奴隶贸易的一个重要原因。

不堪剥削的黑人奴隶采取逃跑、怠工、破坏和举行暴动等形式来进行反抗。18世纪下半叶，反对奴隶贸易和废除奴隶制的呼声汇合在一起，从而形成了波澜壮阔的废奴运动。经过反奴隶贸易人士的不懈努力，英国议会在1807年通过了《废除奴隶贸易》

的法案，并于1833年彻底废除了奴隶贸易制度。

后来，很多西方国家也加入到了废除奴隶贸易的队伍里。在19世纪末，世界各国通过了反对奴隶贸易的总决议，这样，长达4个世纪的世界性奴隶贸易才逐渐地被废止。

第五节 走向“世界工厂”

19世纪中叶，英国成为世界上最强盛的国家。英国的强盛，突出地表现在经济方面，即通过工业革命成为“世界工厂”。工业革命使英国在世界上率先进入工业社会。此时，世界上其他国家依然处于传统的农业文明阶段，社会依然被贫穷所困扰。英国人所开创的工业化道路，不仅使得英国迅速成为世界最富裕、最强盛的国家，而且也彻底改变了人类历史的发展进程。

当然“冰冻三尺非一日之寒”。在工业化之前，英国已经有了相对发达的手工业生产，这为工业革命的进行提供了坚实的基础。当时的伯明翰已经成为手工制造业的中心。这里制造的各种金属器具，不仅成为欧洲市场的畅销品，而且还远销到英国的各殖民地。当时，在重商主义政策的保护之下，英国的手工业产品已经行销到世界各地。不过，问题很快出现了：庞大的殖民地为英国商品的出口提供了广阔的市场，英国的商品很快变得供不应求，传统的手工业生产已经无法满足日益扩大的市场需要，扩大生产已经成为形势发展的需要了。然而，在现有的人力资源与物质资源不变的情况下，扩大生产的唯一途径，只能在于通过技术变革来提高劳动生产率了，这也就是技术变革首先得以在英国开始的重要原因。实际上，从手工行业向现代工业的转变，所依赖的也正是技术的变革，或者说新技术的采用。

今天，科学技术对生产的巨大推动作用早已广为人知，人们甚至断言，科学技术不仅是生产力，而且是第一生产力。而在18世纪，人们还没有意识到这一点，因而也没有去刻意追求技术革新，只是当生产实践遭遇困难或难题时，人们才转而求助于技术变革来解决问题。工业化时期，现代意义上的科学还没有出现，人们的任何发明创造，全靠经验和摸索，发明创造的动力也几乎是由制造人感受到的实际困难所引起的。正如当时有人所指出的：“工业各部门中最有用的发明并不是关在书房里的专务理论的哲学家们的创作，而是通晓使用技术方法的、从实践中得知什么构成其探讨课题的灵巧的工匠的创作，这是众所周知的事。”这样就决定了工业化初期的各项发明创造，几乎都是工场或作坊里的产物而非实验室里的结晶；而从事发明创造的人，也不是什么专职的科研人员，而是在各行各业中的熟练工匠或技工。

由于棉纺织业的供需矛盾最为突出，因此，工业化时期的技术变革首先是从这个行业开始的。1733年，织工出身的约翰·凯伊发明飞梭使得织工一个人就可以完成织机上的所有工作。飞梭的发明很快推广到棉纺织业的各个部门，织布的速度大大加快，并影响到纺与织之间的平衡，棉线变得供不应求，由此而促发纺纱行业的技术革新。两年后，哈格里夫斯发明了以其女儿命名的多锭纺纱机——珍妮机，一个工人由此可以纺出十多支乃至几十支棉纱，生产效率大大提高。1779年，阿克莱特发明了水力纺纱机，利用河水的冲力作为动力，从而进一步加快了纺纱的速度。10年后，克隆普顿综合“珍妮机”与水力纺纱机的优点，发明了“骡机”，这样，一台机器不仅可同时带动三四百个纱锭，而且纺出的棉纱柔软、精细而又结实，从而为其广泛应用奠定了基础。至1800年，英国使用骡机的纺纱厂达到600家。纺纱部门的技术改造打破了纺与织之间的平衡，导致大量棉纱积压与出口，这对织布技术的改进提出了新要求。1785年，卡特赖特发明了以水力作为动力的自动织布机，织布速度一下子提高了40倍。自动织布机技术被改进与完善后，得到大范围推广，到1812年时，全英国已经有2400台织布机了。纺纱与织布行业之间的有效平衡终于建立起来。

从18世纪中叶开始的技术革新，极大地推进了各行业的机械化进程。当时的世界各国，手工纺纱机与织布机依然十分流行。手工纺纱织布，不仅生产效率低下，而且纺出的纱和布质量不高，价格高昂；英国人通过技术革新实现了纺织行业的机械化操作，使劳动生产率大大提高，而且产品质量好，价格低，行销世界各国。在国际市场上，由于竞争力的不同，此前占据大部分市场份额的中国与印度的棉纺织品的销量一落千丈，而英国的棉纺织品一举垄断了国际市场。

从棉纺织业的变化中我们可以看出，在工业化阶段，哪个国家能率先完成技术的变革，并将新技术应用于生产领域，哪个国家就能够脱颖而出地领先于其他国家。英国人正是通过技术变革的方式，在生产领域一举超越了其他国家。这种技术变革并非仅仅局限于某一行业，而是遍及所有的行业。各行各业的技术变革，使得英国彻底摆脱了工场手工业时代，率先步入了历史上前所未有的工业化时代。

技术变革促成机械化在纺织行业的推行，但动力问题依然没有得到很好的解决，发明一种在任何地方都能装置的动力机，成为工业革命发展的关键，而这一难题终于被詹姆斯·瓦特解决了。1769年，瓦特经过多年的潜心试验与研究，终于发明了单动式蒸汽机。十多年后，在工厂主马修·波尔顿的帮助下，瓦特又发明了复动式蒸汽机。**蒸汽机的发明，使此前在生产中占绝对主导地位的人力得到彻底解放。它是英国人进入工业化时代的一个重大标志，也是人类历史上一次划时代的革命。**

的确，对于英国人来说，蒸汽机的发明对于其迈向强盛之路意义重大。这是因为，在一个人力主宰生产的时代，生产的增长从根本上说有赖于劳动力的增加，这就使得商品生产与出口大国，往往是那些土地广阔、人口众多、劳动力资源丰富的国家。英国土地狭小、人口稀少，根本无法成为商品生产与出口大国。不过，当蒸汽机发明并投入使用以后，蒸汽取代人力而成为生产的主要动力，劳动生产率也大大提高。此时，一台机器所生产出来的产品，不仅在数量上相当于几十个劳动力甚至上百个劳动力生产的商品，而且产品的质量更高、价格更低，在市场上更有竞争力。蒸汽机的发明，为人口稀少的英国成为商品生产与出口大国提供了可能。也正是由于英国在世界上首先发明并使用了蒸汽机，并凭借着对蒸汽技术的长期垄断，英国的商品才能够在国际市场上所向无敌，进而成为各国瞩目的“世界工厂”。英国作为世界上最强盛国家的地位由此奠定。

蒸汽机的发明及其应用，使英国社会进入了一个前所未有的全新时代——蒸汽时代。蒸汽机犹如阿拉伯神话中的阿拉丁神灯，彻底改变了英国社会：在城乡各地，无数家工厂拔地而起，无数根烟囱冒着白烟，机器的轰隆声响彻大地，喧嚣嘈杂的工业社会逐渐取代了往日宁静安详的农业社会。由于蒸汽动力的应用可以不受地点与季节的限制，蒸汽机的推广非常迅速。继纺织行业之后，冶金、煤炭、造船、铁路等行业也纷纷引入蒸汽机。至1826年，英国已拥有1500台蒸汽机；到19世纪中后期，蒸汽机在全国完全取代水力机械，成为英国工业生产的最主要的动力。而纵观此时的世界各国，法国、比利时、美国虽然也开始使用蒸汽机，但几乎全是由英国生产与出口的，而且蒸汽机的普及率远远低于英国；至于其他国家，则仍然处于农业社会的工场手工业阶段，蒸汽机对于它们而言完全是一个新鲜东西，在生产中根本没有得到应用。不过，随着机器制造业的兴起，英国的蒸汽机批量生产以后，很快出口到国外，相继被欧美其他国家采用。英国在确定自己工业优势的前提下，将整个世界也带入到“蒸汽时代”，进而改变了人类历史发展的进程。

蒸汽机的发明与推广，造成铁、煤需求的激增，引发了冶金业、采煤业的技术变革，推动了煤炭与钢铁产量的增长。煤炭与钢铁是工业化的两大标志。作为第一个工业化国家，英国在煤炭与钢铁的产量上，遥遥领先于世界其他国家。由于技术变革对生产的推动，到1800年时，英国生产的煤和铁比世界其他地区的总产量还要多，到19世纪中叶后，煤和铁的产量则达到世界总产量的2/3。换言之，英国的煤、铁的产量，是世界其他国家总和的两倍。具体来看，英国的煤产量从1770年的600万吨上升到1800年的1200万吨，进而上升到1861年的5700万吨。同样，英国的铁产量从1770年的5万吨增长到1800年的13万吨，进而增长到1861年的380万吨。英国成为当时世界上唯一的钢铁出口国。钢铁已经丰富且便宜到足以用于一般的建设，它意味着人类在进入蒸汽时代后，也跨入了钢铁时代。

钢铁炼造工艺的改进以及产量的迅猛增长，为机器制造业的兴起奠定了基础。随着工业化的深入，机器结构越来越复杂，精密度要求越来越高，手工生产的机器已不能满足需要，于是催生了一门新的行业——机器制造业。19世纪上半叶，专门的机械厂开始建立起来，为全国各地的工厂输送机器设备，英国由此从原始的手工作坊阶段一下子进入到机器大工业阶段。当议会法令开禁后，英国的机器设备开始出口，并迅速垄断了世界市场，英国成为当时世界上唯一的机器设备出口国。机器制造业兴起后，用机器生产机器，再用这些机器去生产其他产品，就成为人类生产的主要形式了，人类社会的发展进程由此而得到改变。

毫无疑问，技术变革是工业革命的原始推动力，没有技术变革，工业革命不可能发生。由此可见，哪个国家在技术变革方面处于主导地位，哪个国家就有可能实现生产的突破，从而实现经济的飞跃，并能领先于其他国家。进入近代社会以后，英国就成为掌握了技术优势的国家。当其他国家对那些技术发明家横加迫害的时候，英国在18世纪却形成了一股鼓励人们发明创造的社会风气。而且，在英国，发明创造的动力来自于生产，发明创造的成果也直接应用于生产，科学技术与社会生产的结合，促发了生产力与生产关系的大变革。英国人成功地做到了这一点，从而在通往霸权之路上把其他国家远远地抛在了后面。

技术方面的绝对优势地位确保了英国在其他行业上也遥遥领先于世界其他国家，交通运输行业就是一个典型。随着生产的增长以及消费市场的扩大，作为中间环节的流通领域出现了瓶颈效应。英国人在世界上第一个突破了这个瓶颈，这表现在：英国人在世界上首创了一种新的交通运输方式，这就是铁路。

1804年，英国人特里维西克制造了世界上第一台蒸汽机车。10年以后，斯蒂芬森制造了一台更加完善的能够连续运行的定置机车，能以5英里时速牵引110吨货物运行。1825年，英国人建造了世界上第一条使用蒸汽机车牵引客货列车的公共铁路，就是斯托克顿—达林顿铁路。经过斯蒂芬森改造的列车能够运载450名乘客，以24英里的时速运行。1830年，全长31英里的利物浦—曼彻斯特铁路建成通车，列车最高时速达到了30英里。蒸汽机车技术的成熟以及铁路的修建，昭示着英国人所开启的“铁路时代”的来临。

铁路运输的优越性很快体现出来，英国随之兴起了修建铁路的热潮。铁路的造价高昂，每英里甚至高达数万英镑。为了吸引资金，政府与私人资本家大肆渲染铁路行业的高回报率以及发展前景，致使无数的商人、贵族以及普通投资者以前所未有的激情投身于铁路建设之中。1840年，英国投入铁路建设的资金为2800万英镑，而10年以后，竟高达2.4亿英镑。如此高的资金投入，实属罕见。在当时的世界上，除英国外几乎没有一个国家能拿出这么多的资金来建设铁路，而英国人正是凭借着工业革命所带来的巨额贸易利润，才获得了发展铁路行业的充足投资。英国在工业生产方面的优势相应地确保了其在铁路行业上的优势，从而使得19世纪的英国，几乎在各行各业上都能领先于世界其他国家。

工业化时期的英国，除了在技术革新、机械制造、铁路建设等行业首开世界之先河而领先于其他国家之外，英国的优势还体现在：在人类历史上，英国人根据工业化社会的需要，首先开始了生产组织形式的变革，这就是工厂制的建立。由英国人所开创的工厂制，至今仍然是人类社会最基本的生产组织形式。工厂制的实施，不仅极大地提高了劳动生产率，而且彻底改变了人们的生活方式。

在传统社会中，家庭手工业与工场手工业是制造业生产的组织形式，这种形式缺乏科学的组织力量，劳动力的利用率不高。变革生产组织形式是工业化的要求。在工业革命中，随着机器大工业的兴起，传统的生产组织形式很快被突破，工厂制建立起来。

工厂制的出现是对传统生产组织形式的重大突破，它带来了生产领域内的重大变革。机器进入工厂后，工人们围绕机器分工协作，大大提高了劳动生产率，产品的产量与质量同时也有了很大的提高。工厂制从纺织行业出现后，随即向其他行业扩展，即便是一些不使用机械的行业，也纷纷采用这种新的生产组织形式。到19世纪中叶以后，英国的大多数行业，都相继实施工厂制。而此时世界上大多数国家的制造业依然处于手工生产阶段，工人被组织在作坊或手工工场中。由英国首先确立的工厂制，为建立先进的生产组织形式，确立工业生产方式做出了巨大贡献。

工业生产的发展以及工厂制的普及，造成了英国传统经济结构的变化。1801年，农业在国民生产总值中占35.9%，工业只占29. 7%；到1831年，农业的比重下降到23%，工业比重上升到34%；1841年，农业比重下降到22.2%，工业比重上升为45%。到了19世纪50年代，工业在国民生产总值中所占的比重则超过了50%。至此，英国基本完成了从农业国向工业国的转变；而此时，许多还没有开始工业化的国家仍然处于传统的农业社会阶段；比利时、法国、美国等工业化开始起步的国家，也正处于农业社会向工业社会的转型阶段。此时世界上唯一的工业化国家是英国。工业对于农业的优势，相应地确保了英国在经济上相对于其他国家的优势，这为英国称霸世界提供了前提条件。

第六节　开启政党制的大门

工业化造成了经济与社会领域内的重大变化，这就为政治领域内的变革提供了条件。尽管直到工业化时期为止，英国的政治制度依然是世界上最优越的，被其他许多国家所仿效的；但随着工业化的推进，政治制度越来越不适应经济与社会的发展了。这时，英国人及时推行政治制度改革，迈进了民主政治的门槛。**英国人以和平、渐进的改革方式最终进入民主政治，使英国式的历史发展道路终于定型，为其他国家提供了先例**。政党制度不断发展，政党政治日益成熟。英国人不仅在经济领域为其他国家树立了榜样，而且在政治领域也做出了表率，强国的政治、经济制度往往成为他国学习的目标。这时候，英国已全面引领世界风气之先，全面确立了它在世界上的优势地位。

一般而言，政治民主化的推行主要有两种渠道：其一是通过革命的方式，其二是通过和平的改革方式。这两种方式并不是互相排斥的，在世界上很多国家的历史上，它们往往是交替进行的。革命方式解决政治民主化问题的典型，就是法国大革命。不过，在革命之前，法国人也进行了通过改革方式改造政治制度的努力，但独特的历史文化传统使得法国各社会阶层具有一种不妥协性，最终酿成了大规模的革命与暴力。在英国也是这样，为了达到政治民主化的目标，人们首先尝试的就是通过和平的方式改革，不过英国人取得了成功。这固然得益于英国特有的历史文化传统，但更重要的在于，光荣革命形成的传统为英国提供了一个和平解决问题的框架，使得通过改革完成政治民主化成为可能。

改革前的议会制度确实是弊端重重，毫无民主可言。正如有人对改革前的议会制度所进行的评述："民主政治框架乃空中楼阁，缺乏民众基础，在空中楼阁里，只有一群高高在上的贵族享受权力的盛宴；对人民来说，连民主的气味也很难嗅到。"不过，如果放眼英国之外的世界，英国的这种制度已经相当不错了。欧洲的几个大国如法国、俄国、奥地利、西班牙等，无不处于君主的绝对统治之下，君主的意志就是法律，君主可以为所欲为。英国的制度是欧洲许多激进主义者颂扬的对象，英国的当权者也一直为此洋洋自得。如果不是发生了工业革命，这个制度也许还会延续很久。

工业革命改变了英国的社会状况，经济持续增长，中等阶级与工人阶级力量壮大，对现存政治制度形成重大压力。当压力积累到一定程度时，就会如火山一般喷发出来，民主的要求一定要打破政治结构的坚冰。不过民主政治的建立并非自然而然，而是要通过艰苦的斗争才能实现。这是因为，旧的既得利益阶层为了维护自身权益，总会千方百计地抗拒民主潮流，他们从来不会心甘情愿地做出让步；人民为了争取民主，往往要付出巨大代价。

从18世纪60年代“威尔克斯事件”开始，要求议会改革的浪潮就掀起来了。法国大革命期间，以托马斯·潘恩为首的激进主义者再一次重申了改革要求，并提出了广泛的政治改革纲领。然而，当埃德蒙·伯克的保守主义思想被英国统治阶层接受以后，整个社会变得保守起来，政府随之采取了严厉的镇压措施，激进主义运动因此逐渐沉寂下去。1815年反法战争结束后，群众性的议会改革运动如火如荼地进行。此时，在社会上层即贵族集团的内部，也出现了要求推行议会改革的力量。辉格党几经起伏，最终全力支持议会改革。按照其领袖格雷伯爵的说法，他们的目的是“检查一下制度本身，找出在执行宪法时可能存在的问题并提出纠正的方法，从而防止灾祸”，即防止革命。20年代，当政的托利党内部发生分裂，一个以乔治·坎宁、罗伯特·皮尔为首的自由派集团出现，开始实行多种改革。社会上层支持改革力量的存在意义重大，他们在“统治者”与“人民”之间架起了一座桥梁，使双方的冲突不至于发展到对抗的程度，这就为英国用和平方式完成议会改革提供了可能。

1829年，托利党的威灵顿政府实施《天主教解放法》，引起托利党内极端派的不满；第二年，他们和辉格党联合起来推翻了威灵顿政府，随后辉格党领袖查尔斯·格雷上台组成政府。这标志着半个多世纪以来托利党统治的终结，一场宪政变革的大风暴由此拉开帷幕。一时间，全国人民都行动起来了，各种要求改革的政治组织纷纷成立。为了一个共同的目标，中等阶级与工人阶级展开了联合斗争。在风起云涌的局势面前，格雷政府顺应民意，先后两次提出议会改革法案，并在议会下院获得通过。但托利党占多数的上院否决了改革方案，使全国局势急剧恶化。群众为支持改革而发动游行、示威，暴力活动则不断发生。为避免改革的失败引发革命，辉格党下决心把改革引向成功。1832年4月，当改革法案第三次在下院通过时，查尔斯·格雷请求国王在必要时册封足够的改革派贵族进入上院，以压倒反改革的托利党。但这一要求遭到拒绝，政治斗争突然进入白热化，革命的可能性陡然增长。工人阶级和中等阶级都行动起来，有些激进分子甚至还秘密制订了武装起义的计划。这时，托利党人终于让步了，他们在上院开会讨论改革法案时不出席会议，放手让法案顺利通过，第一次议会改革终于获得成功。

这次议会改革，取消了56个衰败选区的议会代表，议席得到重新分配。改革为城市工商业阶层与农村富裕农民规定了10英镑财产资格选举权，使选民人数有所增加。不过，新增加的选民绝大多数为中等阶级，而曾经与中等阶级并肩战斗的工人阶级几乎一无所获。尽管如此，中等阶级加入政权，大大削弱了贵族的政治基础，它标志着英国迈出了走向民主政治的第一步。

随着民主政治的发展，政党制度也不断完善，现代意义上的政党政治也首先在英国形成，这又为其他国家提供了表率作用。

在光荣革命后，政党在国家政治生活中的作用越来越大，政党政治首先在英国形成。不过，从1760年开始，乔治三世寻求个人统治，使政党政治倒退，直到1783年北美殖民地独立战争结束，乔治三世的个人野心才宣告终结。此后，政党在政治舞台上发挥着越来越重要的作用。从18世纪80年代初开始，小皮特领导下的托利党人上台执政，并把持英国政坛长达半个世纪之久，一直到19世纪30年代改革前夕为止。此间，执政的托利党与在野的辉格党在组织建设、政治纲领等方面，都经历了一个发展与完善的过程，这为两党向现代政党的转变奠定了基础。

托利党借法国大革命的良机得以发展，在组织与队伍方面都日臻成熟。小皮特及其后继者将托利党整合成一个步调一致的政治集体，尤其是到了利物浦勋爵出任首相时期，托利党以保守主义理论为指导，在保卫既定制度，维护法律、秩序与财产安全等政治原则的基础上，利用政府纪律和官职薪俸作为粘合剂，达到空前的团结与统一，成为一个成熟的党。

辉格党的组织建设工作从18世纪60年代开始，由一个松散的集团向成熟的政党转变。1766年，辉格党发生第一次分裂，一部分成员投靠了“国王之友内阁”，剩余者在罗金汉姆的领导下，逐渐发展成为一个“有组织的反对党”。1794年，由于在对待法国大革命的态度上发生分歧，造成了辉格党的第二次分裂，剩下的辉格党人在福克斯领导下组织上变得更加成熟，政治上也变得更加坚定。1809~1812年间他们曾先后四次拒绝入阁，这表明英国两党的政治界限已泾渭分明，政党的独立意识也根深蒂固。

1832年议会改革期间是英国政党政治发展历程中的一个转折点。由于托利党人信奉保守主义，墨守成规，不愿意推行议会改革，因此逐渐得名“保守党”。相对而言，辉格党支持议会改革，思想相对激进，具有自由主义的倾向，于是逐渐得名“自由党”。随着议会改革的推进以及新型政党的形成，英国的两党制度开始形成，这主要表现在以下几个方面：

其一，议会内部两党界限的明朗化。随着改革之后两党组织机构的完善以及势力的发展，议会下院的一些独立派议员与小党派纷纷择木而栖，或投靠保守党，或归属自由党。两党界限的化分在改革后下院的分组投票中体现出来。1835年的议会5次分组投票中，站在两党旗帜下的议员占总数的95%，两年以后，这一比例上升到98%。这样，每次议会投票时，威斯敏斯特大厅内的席位已被两大政党瓜分殆尽。

其二，议会内政党组织的发展与督导员制度的形成。随着两党势力的接近，组织纪律方面的加强成为必然，督导员开始出现。在议会分组投票时，督导员要求本党议员抛弃个人意愿，按照本党的集体意愿投票，同时充当起验票员，负责核实投票结果。

其三，议会外常设性政党组织的出现。早在1832年，在皮尔与威灵顿的指导下，保守党创立了“卡尔登俱乐部”，这是英国历史上第一个现代意义上的中央党组织；1836年，自由党最高的院外常设机构“改革俱乐部”宣告成立。在中央组织之下，两党还在地方建立了常设性的组织，负责党员的发展工作以及选民登记工作。

最后，在议会改革前后，两党相继设立了各自的竞选基金，以资助候选人竞选议员。据估计，在19世纪上半叶，保守党与自由党各自筹措的竞选基金约三四万英镑左右。

第一次议会改革后，随着两党组织的发展，政党纷争的气氛明显增强。1836年时，一位贵族就不无夸张地指出："整个英国已分裂为两大对立政党了。"对于当时选民的投票取向，一位观察者惊叹说："所有的选民都站在这一党中或那一党中投票。"这充分表明，第一次议会改革之后，两党制度在英国已经走向成熟。英国所开创的成熟的政党制度，为后来的国家在政治发展方面提供了榜样。

附：

英国早期的两个政党

辉格党和托利党是17世纪末在英国产生的两个政党。但在当时，它们还算不上是完全意义上的政党。"辉格"一词起源于苏格兰的盖尔语，意为"马贼"。"托利"一词则起源于爱尔兰语，意为"不法之徒"。1679年，当议会讨论詹姆斯公爵（即后来的詹姆斯二世）是否有权继承王位时，众位议员们展开了激烈争论。赞成的人被对方称为"托利"，反对的人则被对方称为"辉格"。渐渐地，双方也各以此来自称。后来，双方的观点都发生了变化，辉格党对君主的态度不再持完全否定的态度，因为"光荣革命"后英国君主的权力已经受到种种的限制；托利党也渐渐改变了坚决拥护专制君主制的立场，因为他们几次恢复旧王朝的企图都遭到了大多数人的反对。久而久之，国王意识到，无论是辉格党还是托利党，当其中一个在议会中占多数时，就最好任命这个党的某一成员为内阁大臣，这样的内阁就不会和议会闹矛盾。18世纪前期，辉格党在政治上占了优势，是议会的多数党，自此，辉格党执政近半个世纪。18世纪后半期，托利党得以执政。到工业革命以后，两党的主张发生了一些变化。大约到19世纪30年代，托利党改名为保守党，辉格党则改名为自由党。

第七节　辉煌的大英帝国

随着财富的增长、国力的增强，英国在19世纪构筑了一个遍及全球的“日不落帝国”。1783年北美殖民地的独立，宣告了英国之前苦心经营的庞大殖民帝国的终结。在此以后，英国人面对的是一个支离破碎的帝国。然而仅仅几十年后，一个更庞大的前所未有的“日不落帝国”又被英国建立起来，它在欧洲的国际政治对弈中再次击败对手法国，建立了可与“罗马治下的和平”相提并论的“不列颠治下的和平”。

从时间跨度上看，工业化的几十年间，既是英国通过工商业以及对外贸易的发展而确立全球经济霸权的时期，同时也是英国人在自由主义思想下重建帝国的时期。这一时期帝国重建的指导思想，一则是击败宿敌法国，确立欧洲乃至世界霸权，二则是将英国的“自由贸易”原则通过胁迫或者武力方式推及世界。因此，我们首先有必要了解工业化时期英国人帝国观的变化。

从总体来看，从北美独立前后起，随着工业革命的推进，英国在工商业方面的优势严重动摇了传统的重商主义，在经济自由主义指导下的自由贸易理论逐渐抬头，并成为指导帝国重建的核心思想。一般认为，1783~1815年间，是从重商主义向自由贸易过渡的时期，帝国观也由此经历了一个转变过程；1815~1849年间，是自由贸易理论全面推广并彻底取代重商主义的时期，在此期间，英国重商主义的残余被肃清，自由贸易的理论与实践高歌猛进并取得全面胜利，英国进入了全面的“自由贸易”时代，在此基础上建立起来的“日不落帝国”由此成为一个“自由主义的帝国”。

北美独立后的30余年间，是英国从殖民帝国向“日不落帝国”过渡的时期。这一时期，主导殖民帝国的传统的重商主义思想的根基已面临挑战，此时已有人提出“自由贸易”理论并为之奔走呼号。亚当·斯密认为母国对于殖民地的贸易垄断，不仅对于殖民地的发展不利，对于母国自身也不利。在此基础上，亚当·斯密主张逐渐开放殖民地的对外贸易，进而最终实现贸易自由。他指出：“将来无论什么时候，要把英国从这种危险中拯救出来，唯一的政策，似乎就是适度地、逐渐地放松那些给英国以殖民地贸易独占权的法律，一直到更自由为止。”继亚当·斯密之后，大卫·李嘉图也极力推崇自由贸易政策，认为应该使进出口贸易尽可能处于自由状态。他说：“如果可以自由出口或进口而不加限制，那么国家……所享受到的将是举世无双和简直难以想象的繁荣和幸福。”亚当·斯密与大卫·李嘉图所提出的“自由贸易”理论，实际上反映出工业化初期新兴的工商业阶层要求废除殖民地贸易垄断的强烈愿望，这一理论严重动摇了重商主义的根基，并影响着英国人新帝国观的形成。这种影响力具体体现在：英国对于拓展新的殖民地不再太感兴趣，或者说不再主动去扩大殖民地，而是对海外贸易特别关注，为此在帝国重建过程中，英国所占领的地方，或者是对确保帝国贸易通畅而具有重要战略意义的一些基地、海岛等，或者是对工业化非常重要的原料产地与产品销售市场等。于是，“贸易优先于统治”的口号，便成为新帝国的总原则。

不过，在建立新帝国即“日不落帝国”的漫漫征途上，英国还面临着一个强大的对手，这就是英吉利海峡对岸的法国。北美殖民地独立后，无论是在北美大陆、西印度群岛，还是在印度，法国殖民势力都呈日趋增长之势。为重整旗鼓、复兴帝国，打败法兰西、成为世界霸主便成了英国人的首要任务。

法国大革命爆发后，国内政治局势持续动荡，政府根本无暇顾及海外殖民地，更没有精力来同英国进行海外商业与贸易霸权的争夺了，英国殖民主义者一度以为法国将一蹶不振，因而为之欢欣鼓舞。不过，法国督政府的建立及拿破仑的脱颖而出，特别是法国势力在欧洲大陆的迅速扩张，令隔岸观火的英国人再也坐不住了。这是因为，一旦法国树立了在欧洲大陆的霸权，英国传统的均势外交将受到根本性挑战，独霸欧洲大陆的法国，将成为英国争夺海外霸权的最有力的竞争者。因此，英国急需遏制法国势力，这样，当法国军队迈出国门，染指英国在大陆的传统盟友时，按捺不住的英国人终于与老对手兵戎相见了。法国大革命的余波迅速波及邻近的奥属尼德兰（比利时）以及荷兰等地，英国以绝不会坐视法国直接或间接成为低地国家的主人或者成为欧洲权利与自由的主宰为由，拉拢欧洲大陆一切反对法国革命的国家，组成了多次反法联盟。这样，由英国组织的长达22年的反法战争由此拉开了帷幕。

反法战争的爆发，其直接原因或目的，一方面在于反对法国革命，另一方面，正如英国致法国照会中所称，是维护欧洲大陆原有的均势。不过，在这些表面的或直接的诱因之后，我们认为，“从根本上说，它仍然是17世纪末以来，英国和法国争夺商业和殖民霸权的继续……实质上，英国政府和统治阶级反对法国的主要动机并非为了意识形态上的原因，而是为了争夺世界的商业和殖民霸权”。这样，我们不难看出，当反法联军在欧洲大陆与拿破仑的军队进行争夺时，英法之间在殖民地上的争夺也异常激烈，因为这场战争的结果，将直接决定着海外殖民地的争夺局势，胜利者将顺理成章地成为世界霸主。

反法战争断断续续长达20余年，英国往往是出钱，反法联盟的其他国家则出兵。英国的直接出兵作战，主要表现在与法国进行的海战，以及在殖民地的争夺上。这是因为：一方面，在争夺世界霸权的进程中，海上霸权的争夺十分重要，如果不能打败法国舰队，英国就难以保证海外霸权的建立。另一方面，在与法国人争夺殖民地时，英国不再一味地为了开疆拓土，而主要是为了争夺那些拥有广阔市场的殖民地以及对于英国海外贸易通道的畅通至关重要的一些殖民据点等。不过，到了战争后期，威灵顿领导的英军才真正投入到大陆的反法战争，因为此时法国的落败已经在所难免了。这说明了英国的关注点并不在于欧洲大陆本身，而在于与法国在海上霸权与殖民地霸权等方面的争夺。

反法战争中的几次重大战役对于我们认识英国参战的实质是非常必要的。其一是1798年英法在埃及亚勃基尔湾进行的海战，结果法国舰队战败，英国的海上优势逐步确立。其二是1805年的特拉法加大海战。这是英国舰队与法国、西班牙联合舰队在西班牙南部沿海的特拉法加的一次总较量。这场战役直接决定着英吉利民族和英帝国的命运。正如英军统帅纳尔逊所言："情况很明朗，只有打败拿破仑，英国才能真正强大起来。这场战争的胜利者必须是欧洲乃至全世界的主人。"这场海战进行得十分残酷，英军统帅纳尔逊将军也阵亡，不过，坚实的经济后盾以及强大的海军实力确保了英国的胜利。特拉法加大海战是英国迈向海上霸主地位的最后一役。此前，在组建海上帝国的道路上，强大的英国海军还不时面临法国与西班牙的挑战。通过这场战役，法国舰队与西班牙舰队被彻底击溃，再也无法与英国争夺海上霸权了。自此，英国已经取得了拿破仑战争最后十年中在英吉利海峡、大西洋港口和地中海的制海权。此时的法国在海上已经被彻底打败，别说挑战英国的海军，就连保持自己及其附属国海上安全的能力也大大削弱了。传统的两大海上强国西班牙与法国被击败后，在制海权上，英国已经获得了绝对的优势，并成为真正的海上霸主。一个连英国人也未曾想过的庞大的"日不落帝国"，正是在英国海军的东征西战中建立起来的。

1815年维也纳会议的召开标志着反法战争的结束。通过战争，英国的宿敌法国被彻底击败了。在建立全球性殖民帝国的道路上，英国再也没有任何对手了。反法战争的胜利为“日不落帝国”的形成扫清了障碍；也正因为在军事上打遍世界无对手，才使得未来的“日不落帝国” 能建立在“自由贸易”的基础上，而不需要再以战争为基础。此时英国的力量达到了顶峰，表现在以下几个方面；其一，海上霸主地位通过反法战争确立起来。反法战争前夕，在欧洲乃至整个世界，能在海上与英国相抗衡的莫过于法国与西班牙。但是，经过亚勃基尔湾海战与特拉法加大海战后，法国舰队与西班牙舰队的主力已经被彻底击溃，再也无法与英国较量了。以世界各国海军力量的对比来看，1790年，英国的海军舰艇总吨位为48.59万吨，而仅次于它的法国是31.43万吨，排在第三的西班牙是24.22万吨。但是，尽管英国排名世界第一，却仍然还没有确立绝对优势，仅次于它的法国、西班牙两国的海军舰艇总吨位超过了英国；到1815年，英国海军舰艇的总吨位数达到了60.93万吨，法国尽管还是排名第二，但却减少到了22.83万吨，俄国排第三，为16.73万吨，西班牙沦落到第四，还不到6万吨。当时，英国的海军舰艇总吨位数超过了排在其后的三个国家的总和，而大致等同于世界其他各国海军舰艇总吨位数之和。正如希尔所说：“英国的政策在拿破仑战争中达到顶点，使得英国的国防力量，特别是海军力量在这场战争后的近一个世纪里无人能与之匹敌。”于是，英法之间长达一个世纪的争夺海洋控制权的斗争告一段落，英国成为名副其实的海上霸主，这为以后的“日不落帝国”的建立提供了重要保障。其二，英国在反法战争中完成了帝国重建的任务，建立在殖民帝国废墟之上的“日不落帝国”已基本成形。英国参与反法战争的根本原因，在于与法国争夺海外的商业与贸易霸权，而并非一味地扩大殖民地。当然我们也看到，当战争结束时，英帝国的版图还是迅速扩大了。不过，在贸易原则第一的基础上，英国所追求的并非强占大面积的殖民地，而是尽可能占领那些对保持海外贸易通道畅通极为重要的岛屿、殖民据点等。在1815年的维也纳会议上，英国非常慷慨地归还了战争期间强占的法国殖民地。然而，对于那些具有重要战略意义的殖民地，或者能够作为原料产地与产品销售市场的殖民地，即对其拓展海外贸易至关重要的殖民地，英国人则寸土不让。这些殖民地或殖民据点分别是：从法国人手中夺取的毛里求斯、塞舌尔群岛、多巴哥和圣卢西亚，从荷兰、西班牙、丹麦等国手中强占的非洲的开普敦，亚洲的锡兰、马耳他，美洲的特立尼达，欧洲的赫尔戈兰等。尽管这些地方的面积不大，但却在维持帝国贸易通道方面具有重要意义。其三，反法战争结束后，英国和殖民地的经济关系，基本上完成了从重商主义到自由贸易的过渡。19世纪以后，自由贸易逐渐作为一项政策而被广为推行。英国便逐渐放弃了对殖民地的贸易垄断，从而走上了贸易自由化的道路。1808年，英属新斯科舍和新布伦瑞克总督宣布，允许英国及美国船只把某些商品转运到西印度，这本质上是对实施了100多年的《航海条例》的违背，但这一举动却得到了美国政府的许可。1811年，英国又表示，允许除法国之外的任何国家的船只装载某些重要产品，如小麦、面包、饼干、树脂、沥青等进入英属哈利法克斯、圣安德鲁斯、圣约翰等地的港口。在远东的印度，从1793年起东印度公司的贸易垄断权就渐渐遭到侵蚀。一开始，公司被迫允许一定吨位的英国个体商人的商品进入印度；到1813年时，英国政府就彻底废除了东印度公司对印度的贸易垄断权，“自由贸易”原则在印度次大陆初步被确立起来。

总而言之，到1815年反法战争结束时，随着帝国版图的迅速扩大，“日不落帝国”基本定型。初步的统计表明，反法战争开始时的1792年，英国的殖民地只有26个，而战争结束后的1816年，英国拥有的殖民地达到了43个。英属殖民地的分布范围大致为：北美的加拿大、西印度群岛、澳洲大陆及附属岛屿、东方的印度以及一些据点或岛屿等，如开普敦、锡兰、马耳他等。这些殖民地基本上是英国为了拓展对外贸易而占领的，有的可以作为原料产地或产品销售市场，有的是对确保海外贸易航道的通畅而至关重要的据点。“贸易优先”原则在殖民地占领与维持方面表现得比较明显了。

从1815年维也纳会议起，一直到19世纪中叶，这30多年间，英国工业革命进入了全面深入阶段，贸易保护逐渐退出历史舞台，英国成为世界上第一个实行自由贸易的国家。自由贸易政策的推行，彻底瓦解了沿袭几百年的旧殖民制度，它对未来英帝国的政策乃至帝国发展的方向产生了重大的影响。为了向全球推行“自由贸易”，英国依靠其强大的海军舰队，在世界范围内开始了新一轮的殖民扩张高潮。不过，在这一阶段，领土的扩大并非英国所直接追求的目标，只不过是英国拓展对外贸易的副产品而已。这一时期的英国殖民政策，并非为了扩大帝国的版图，而是争夺原料产地与产品销售市场。对于落后国家，如果英国能够通过外交或其他手段使其接受“自由贸易”政策，那么英国就不会使用武力，也不谋求所谓的政治控制权；不过，由于担心国内手工业遭遇毁灭性打击，绝大多数国家不会轻易就范，这个时候，英国往往要炫耀进而动用武力，停泊在近海的英国军舰和大炮开始发威并很快奏效；如果有的国家敢于抵抗，那么英国人就用强大的武力将其打败，迫使对方接受英国所提出的条件。从这一时期英国提出的条件来看，抢占领土并非主要目标，英国人所谋求的往往是开放通商口岸，允许英国商品自由进入，让英国自由地获得廉价的工业原料等。

19世纪中叶前后是英国彻底推行自由贸易的时代，也是英国稳居头号工业强国地位而没有对手的时代，英国比起任何时候都需要推行商品市场与贸易机会。为了实现这一目标，炮舰外交必不可少。19世纪40至50年代的两次鸦片战争，就是英国对中国推行炮舰外交、打开中国大门的极好的例子。与殖民帝国时期不同的是，旗开得胜的英国人，并没有要求清政府割让大片土地，而仅仅要求得到香港岛与九龙。这两地当时仅仅是个小渔村，谁也不曾想到，英国人后来将其开发成远东最活跃的贸易基地。除了大量的军事赔款以外，英国人最关注的就是中国的市场了。清政府被迫开放十多处通商口岸，与英方商定贸易税率，外国商船可以自由在长江各口岸航行等。中国的市场终于对英国开放了，英国人如愿以偿。在打开日本的大门时，英国甚至连武力的炫耀都没有使用，就搭上美国人的车达到了目的。1854年，迫于美国军舰的威胁，日本决定开放市场。四年之后，英国与法国、荷兰一起，强迫日本签订了一系列条约，日本的市场对西方完全开放了。除了炫耀或使用武力外，英国还通过施加政治影响等手段，来诱使贫弱国家就范。1836年和1857年英国与伊朗签约，1838年和1861年英国与土耳其签约，这些条约虽然内容不尽相同，但共有一个核心内容，即英国要求得到贸易、投资等方面的特权，如开设工厂、减免关税等。为了确保帝国安全以及贸易的通畅，英国这一时期还占领了一些军事要塞与贸易据点，如1819年占领新加坡，1839年占领亚丁港，两年后又占领了香港岛。这样，从好望角到印度洋，再到太平洋，英国建立了一条极为通畅的海外贸易通道。

如果说殖民帝国的中心是北美13个殖民地，那么，日益兴盛的“日不落帝国”的中心则是远东的印度。印度对于英帝国的重要性，正如曾担任印度总督的寇松所言：“只要我们统治印度，我们就是世界上最强大的国家；可一旦丢掉了印度，我们的地位将一落千丈，只能降格为一个三流国家。”更多的人则形象地将印度誉为“帝国王冠上最珍贵的宝石”。印度对于英帝国的价值，体现在两个方面：其一，商业与贸易方面的重要性。没有人会否认，印度是英帝国财富的最大源泉。统计表明，1757~1815年间，东印度公司从印度攫取的财富高达10亿英镑。19世纪中叶英国完成工业化以后，对海外市场的争夺变得激烈起来。幅员辽阔、资源丰富、人口众多的印度，对英国具有极大的诱惑力，因为它可以成为英国绝佳的原料产地与工业品销售市场。其二，印度对英帝国的对外扩张来说，军事上的重要性也不容忽视。英国人在印度训练出了一支20余万人的士兵，这支军队完全由印度人组成，由英国人指挥，它不仅用来征服印度的土邦王公，而且也用来征服邻近的国家或地区。正如罗纳德·海姆所说："从军事角度看，正是这支英印军队，才使不列颠成为一个伟大的帝国。"在商业、贸易以及军事上的重要性，奠定了印度在第二帝国中的核心地位。印度在被征服的过程中，逐渐变为英国的原料产地与工业品销售市场。在殖民当局政策的引导下，印度农民被迫种植英国所需的工业原料，如棉花、蔗糖、靛青、鸦片等，主要面向英国出口。另一方面，人口众多的印度又成为英国工业品的销售市场，一种依附性经济开始在印度形成。

在"自由贸易"的原则基础上，英国构建了一个"自由"帝国。自由贸易的推行，瓦解了殖民地国家的民族经济，过早地将这些经济基础脆弱的殖民地拉入资本主义世界体系之中；然而，英国却从中大大获益，国外市场扩大了，原料产地与产品销售市场有了保证，这反过来又进一步推动了英国的工业化进程。不过，从根本上而言，作为自由主义的帝国，"日不落帝国"的维持，还在于英国拥有强大的军事实力，当时没有任何国家能够与英国相抗衡，这才使得其他殖民列强不敢对英国轻举妄动。英国在自由主义旗帜下维持一个庞大的帝国，本身就是英国强盛的一个重要标志。

此外，随着英国世界霸主地位的确立，其殖民政策，尤其是对于白人殖民地的政策开始发生了转变，这表现在白人殖民地自治的责任制政府的建立。如果把时间再往前推50年或者100年，英国绝对不允许殖民地的自治；不过，19世纪中叶，英国的强盛已经达到了世界的顶峰，其经济强国地位无人能撼动，军事上所向披靡，在殖民地的占有上更是令其他国家无法相比。对于强大的英国而言，在通过工业霸权、贸易霸权而主宰整个世界以后，它所想得到的都已经得到了，一味地强化对殖民地的政治控制已经没有必要。为此，国内盛行的自由主义思想在殖民政策中得到了新的体现，在白人移民殖民地推行自由主义变革，特别是建立自治政府，已经提上了议事日程。

19世纪30年代，英国出现了一些热衷于殖民地改革的理论家，他们认为，帝国与殖民地之间那种旧的僵硬严格的纽带，既脆弱易碎又令人恼怒，他们对白人移民殖民地出现的人民争取民主权利的呼声表示同情与支持，他们真心诚意地相信，只要殖民地实现地方政府自治，就会避免帝国瓦解，并减轻母国的各项负担。随着自由主义政治理念的传播，越来越多的人开始理解并接受这种观点了。到19世纪中叶时，当英国出于自身利益决心冲破重商主义传统的最后束缚，旧殖民制度已是穷途末路时，允许殖民地按照自治原则建立责任政府，就不再像洪水猛兽那样让人害怕和无法接受，而是英国实现自由贸易之后一个顺理成章的结果。

移民自治政府的实践首先在加拿大拉开了序幕。1837年加拿大的民族起义，引起了英国当局的关注，促使英国开始调整其殖民统治方式，建立英属北美殖民地责任政府的时代随之到来了。1839年，英国发表《达勒姆报告》，允许加拿大建立责任政府。至1855年，英属加拿大全境，责任制政府全部建立起来，这标志着英国殖民统治政策和殖民地地位的重大变化，传统的总督直接统治现已转变为殖民地自治了。

加拿大的经历为澳大利亚提供了典范。1842年，英国议会通过了按照选举原则建立新南威尔士自治政府的法案，总督的权力大大削弱，一种全新的以地方自治为特征的责任制政府由此建立起来。新南威尔士的成功极大地激励了其他殖民地的自治运动，而“一种发展的自然规律很快就使英国政府不得不承认殖民地的自治”。1853~1856年间，责任制政府又先后在维多利亚、范迪门、南澳大利亚等地建立起来。随后，在新西兰、南非等白人殖民地，英国也先后开始了建立自治政府的尝试，并获得了成功。

在白人移民殖民地，自治的责任政府的建立，意味着英国人的帝国观在自由主义思想的影响下已发生了根本性的变化，由此而导致一个全新的帝国的形成。白人移民殖民地自治政府的建立，只是英国对殖民政策的一种重大调整。这种调整，充分建立在英国强大的经济与军事实力的基础上。它本身就是英国取得世界霸权的一个重要标志。帝国政策的这种根本性调整，带来的不是移民殖民地的各行其是和分道扬镳，相反，带来的却是帝国历史上前所未有的向心与团结。的确，当移民自治与自由贸易同成为帝国最显著的特征与原则时，同时代的英国人和殖民地人都没有立即意识到，一个跨越全球的、空前绝后的“日不落帝国”已经建立起来了。

人们曾对历史上罗马帝国的庞大与辉煌推崇不已，不过，罗马帝国充其量也只不过是一个以地中海为中心的区域帝国。然而英国人建立的“日不落帝国”却是一个真正的世界帝国。英国殖民地遍及全球，其开拓的疆域之大，统治的人口之多，绝非人类历史上任何一个帝国所能比的。庞大的“日不落帝国”的建立是英国成为世界最强国的一个标志，帝国本身与英国的海上霸权与工业霸权一起，共同将英国推上了世界霸主的宝座。英国的霸权统治一直延续到20世纪，小小的英国能在世界称霸一个世纪之久，如此辉煌，不禁让我们感叹！

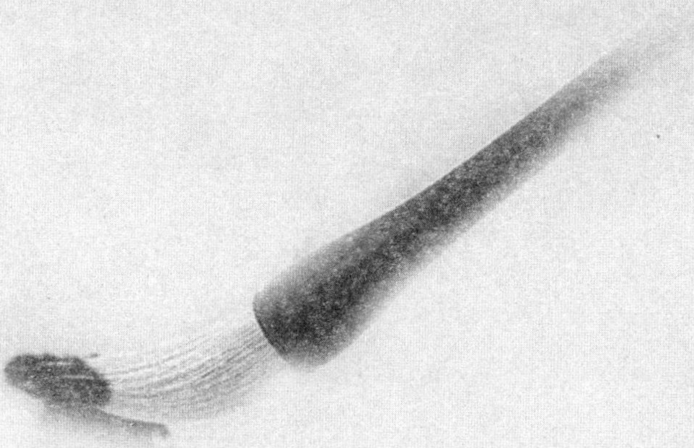

第五章

风云激荡与沉沦

第一节　疯狂后的没落

1840年，在鸦片战争的烽火硝烟中，现代化从遥远的大西洋畔向我们匆匆走来。它不但来得异常急骤，令中国人感到突然，而且很是气势汹汹，叫中国人反感。那时候，在中国的土地上，不仅交通隔绝而且信息闭塞，要是问起英吉利是个什么东西或者是什么人，99%的中国人会摇头，他们会感到惊讶，不是惊讶自己不知道，而是惊讶对方为什么问这么奇怪的问题。当然也有很少一部分人知道英吉利不是个东西而是个国家，但是他们不明白的是，这些曾经在中国官府以及中国人面前低三下四且被称做是“洋鬼子”的人，怎么就忽然变得那么厉害。面对这样的情况，一部分人表示漠视，不愿意去知道他们为什么会很厉害。但是也有很少的一部分人知道，西洋人突然变得那么厉害是因为他们刚刚拥有了一些速度很快的三桅帆船。帆船上的大炮居然能够把海边的石头炮台炸塌。这些知道情况的人也就成为了中国睁眼看世界的先驱了。但是所有的中国人，当然包括那些开眼看世界的先驱们，根本不知道“洋鬼子”们所使用的东西就叫做“工业产品”，它们所代表的鲜明特征开启了世界现代化之端倪。从此刻开始，以往彼此隔绝的世界，现在也开始密切交往起来。原来发展毫不统一的各个国家和民族，则不论大小，全都被融汇到一个无所不包的巨大网络之中。新世界好像是一只被切成两半的苹果，发红的一半是刚刚从商业化迈入工业化的国家；而发绿的部分则是仍处于农业文明时代的国家。红的一方凭借着商业贸易积累下的金钱和工业化所造就的强大实力，洋洋自得地自诩为文明和进步的国家，并且轻视身为绿方的国家。绿方怎么可能有能力去抵抗红方的骚扰呢？在走投无路的情况下，它们只好向工业化国家靠拢了。

1914年第一次世界大战爆发，英国为了消灭在中国海域的德国武装商船，要求日本参加战争。“一战”的爆发，给予了日本发展壮大的绝好机会。西方国家依靠雄厚的工业实力在中国所获取的实际利益大大刺激了刚刚崛起的日本。日本明治维新的成功使其政治制度得到了优化，工业发展也有了一个相对优越的环境。但是日本资源匮乏、市场狭小，这成为其进一步发展的瓶颈。日本政府更是明白，如果自己在发展的道路上慢了下来，那么明治维新的成果还将会被西欧列强扼杀，要想追赶西欧的工业化潮流，不至于被淘汰，唯一的出路就是寻找资源以及扩大市场。中国作为日本的邻国，地大物博，市场广阔，十分符合日本的条件。当时主宰中国的清朝政府已经亡国。之后的北洋政府也是四分五裂，各派军阀割据称雄，各自为政。西欧国家正是看到了这一点，所以它们在中国大力栽培自己的代言人。这时的日本在工业化刚刚有了一点成绩后，便把目光瞄准了中国。当然要进入中国的市场，还要看看它的“先师”欧美列强愿不愿意。起初的日本对中国的入侵碍于西欧强国在中国都有势力范围，不是太明显。当“一战”来临的时候，西欧诸国忙于在欧洲战场上厮杀，无暇顾及亚洲。为了牵制德国，英国决定拉日本加入协约国一方。日本也看到了时机，对德国宣战也就成为了必然。8月15日，日本政府正式发表了书面文稿《对德最后通牒》，要求德国撤走在远东的舰队，无条件交出胶州湾。德国没有理会日本的文告，战争又一次在中国的领海爆发了。工业革命所带来的优异成果再一次帮助日本在军事上战胜了德国。德国在欧洲战场上被牵制，其以仅存的几艘军舰对抗日本军舰，战败似乎是正常的了。可是我们再回想一下曾经的中日甲午海战，中国以最精锐之北洋水师对抗刚刚实现工业化的日本，怎么就战败了？同样是一国之水师，一胜一败，且日本面对的是强大的德国，而中国面对的只是刚刚崛起的日本。我们对工业化仇视过，也学习过，但是还是失败了，这是因为我们没有看清工业化的背后还得有一个适合工业化的制度存在。中国向西方学习了半个多世纪，最后还是没逃出被奴役的命运。日本和德国的海战在中国的海域发生，像当初的日俄战争，交战的最后还是中国人死得多，我们不得不去反思自己的工业化到底是输在了哪里！

日本在战胜德国后自然就接管了德国掌控的山东，但是英、美等资本主义国家岂能坐视不管，英、美要的是日本参战以牵制德国，而不是请日本来中国与自己抢地盘，但是日本已经在中国开始抢地盘了，而且日本的手法和它的“老师”们的手法如出一辙，即寻找一个合适的代言人。袁世凯作为北洋军阀的代表控制着将近大半个中国。北洋军阀的实力还是不容忽视的，所以日本最后选定了袁世凯。日本之所以选择袁世凯，是因为他一心想做皇帝。袁世凯可以说是一个能看得清楚中国形势的人，早年他在天津练习新军，就认识到中国的军事无论是装备还是训练以及军事思想上都远远落后于西方发达国家，鉴于此，他一直借练习新军之名扩充自己的实力。他拥有一支现代化装备的军队，这支军队对推翻清朝政府曾经也起过不少作用，这也就成为了袁世凯当皇帝的筹码。袁世凯这时已经是中华民国的总统了，不知道他怎么又想起做皇帝了。民主革命思想在中国经辛亥革命已经传播开来，袁世凯逆潮流而行，这有他自己的资本，不仅仅是北洋军队，还有其背后的日本帝国。日本对袁世凯的支持不是免费的，在支持的同时与袁政府签订了国人所痛恨的亡国“二十一条”，这样日本的初步目的达到了。“一战”给日本提供了这样好的机会，而袁政府又起到了推波助澜的作用，有了中国丰富的资源以及广阔的市场，日本的野心也开始进一步膨胀。吞并中国已经不是日本的最终目标了，整个亚洲即将成为日本“东亚共荣圈”的一部分。1918年“一战”结束，欧洲资本主义强国在战争中被削弱，日本也在此时摆脱了对欧洲的恐惧心理，走上了独立发展的道路。中、日两国都是战胜国，但就因为日本的强大，而使中国失去了本应有的权益，山东未被收回，“二十一条”亦未被废止。

“一战”后，英法被削弱，德国战败，俄罗斯又发生了二月革命，建立了无产阶级政权，帝国主义在中国的势力彻底失衡，日本正是借此机会逐步壮大自己，排除它国在中国的影响，这样就引起了英美对日本做法的不满。尤其是美国，在“一战”中凭借其做军火买卖大发战争财，使得美国无论是军事力量还是经济力量都得到了很大的发展。且“一战”的主战场又在欧洲大陆，美国避免了战争的破坏。此时美国也有了替代英国充当世界霸主的野心。日本在中国的扩张，极大地触动了美国人的神经。战后日本称霸亚洲的野心和美国的势力均衡政策是矛盾的，日本要想真正实现自己的野心，必须要打败自己的另一个对手，那就是美国。当然，依靠日本当时的国力是不可能的，美国不仅仅拥有很强大的军事力量，关键是美国不像日本那样，缺乏资源，美国的国土广阔，资源丰富，一旦打起仗来，即使外部资源被封锁，美国也可以立足国内，继续战争。而日本就不同了，日本地域狭小，资源缺乏，一旦失去外部的资源供给，就等于是被掐住了喉咙，最终会窒息而亡。日本之所以在最初期接受了美国提出的势力均衡政策也是源于此，目前的日本因为资源问题，还不足以和美国相抗衡，这样美国的存在就阻挡了日本称霸的野心。为了解决资源这个问题，解决以后日美冲突的最实质的问题，日本认识到中国还是最佳的选择。中国不仅是日本的邻国，中国的军阀也需要在外部有一个强大的国家支持他们称王称霸，有这两个条件，再加上中国的资源丰富，只要日本控制了中国，就可以以战养战。所以，对中国的全面侵略是日本早就计划好的。

1937年，日本终于开始为自己的称霸梦想走出了第一步，以卢沟桥事件为借口发动了全面侵华战争。这场战争一打就是八年。在这八年来，日本提出所谓的“大东亚共荣圈”的构想，在中华大地上用中国人民的热血去换取他们所谓的称霸世界的野心。侵华战争的全面爆发，使日本认为占领中国是理所当然的事情，所以在战争初期还顾及国际舆论的日本，在开战以后就像一只嗜血的狼一样，啃噬着中华大地。屠杀与掠夺并存，抢劫与偷盗同行，当日本占领南京的时候，他们更是疯狂地屠杀了30多万中国人，这是历史的悲剧还是人性的丧失？如果说欧美的黑奴贸易是一种卑鄙的勾当的话，那么这个血腥帝国令人发指的行为用禽兽二字来形容也不为过。日本的恶行没有因为当时中国的软弱而停止，也没有更多地顾及美国的利益，因为他们觉得自己已经足够强大，只要在中国的土地上站稳脚跟，就足以称霸世界了。所以，在战争的中期，日本终于要和美国摊牌了。日本虽然在中国的大地上可谓是“一路凯歌”，但是有英美支持的蒋介石政府依然是中国唯一合法的政府。在地方上，中国共产党领导的敌后抗日战争也让日本不可能集中精力去彻底完成这场战争。所以日本认为只要打败英美，蒋介石政府必然会投降。1941年12月，日本采用德国“闪电战”的方法偷袭了美国的军事基地珍珠港，日本和美国间的战争也就此开始了。战争初期，由于美国对战争的准备不是太充分，且欧洲战场亦牵制着美国，所以在亚洲战场上主要还是依靠中国的军队来对日作战，美国还是对中国进行军事支援。太平洋战争爆发后，美国看到了中国军队在海洋和空战上的不足，于是直接派遣部队参加亚洲的战争。这样，“二战”的战场不仅扩大了，同时更加巩固了中、英、美的对日同盟，加速了日本帝国主义的灭亡。日本对美国的开战，是日本急于打败美国称霸亚洲的具体表现。当然在战争中日本也忽视了美国这个新兴工业国家的实力，尤其是军事实力。美国不像许多亚洲国家那样，有着漫长的历史以及渊源极深的政治制度，美国的建立，没有像亚洲国家那么多的阻力。无论是制度的建立还是工业的发展，美国都有其优越的条件。凭借这些优越性，美国在“一战”后走在了世界的前列。尤其是优越制度引领下的工业发展更是无人能够与之相比，加上其地理位置也是独立于欧洲、亚洲之外，战火根本烧不到美国的本土，所以尽管日本的偷袭成功，但这并不足以摧毁美国的军事实力以及美国的国防实力。

日本从明治维新到其最后的帝国梦想的终结，走了将近80年的路。在这80年里，日本由开始的被迫接受新制度到最后自己进行制度改革，由一开始的被“殖民”到最后的“殖民”国家，并咎由自取，最终战败，这条漫长的路，在我们今天看来，可谓是感慨颇深。日本的历史道路和中国的基本相似，甚至某些方面，基本和中国相同，可是在走入近代的时候，日本为了不至于和中国一样被欧美帝国所蹂躏，它们开始改变自己传统的发展模式，这是一次成功的改变，使日本避免了被殖民。当然这次改革的成功在某些方面也与日本的国情有一定的联系。日本虽然也是封建主义国家，但是专制主义在日本就没有像中国那样强势，日本虽说有专制主义的存在，但是各个大名的独立性是很强的。在对是否接受外来文化这个问题上，大名的主见性往往要强于将军，尤其是几个大名联合起来的话，其力量就足以改变日本的局面。所以在日本面对民族危亡之际，尽管统治者为了维护自己的统治而宁愿舍国家，但是地方诸藩，尤其是一些开明的大名却会联合起来反对幕府将军的做法。最关键的是大名手中掌握着军队，这样，改革在日本的顺利推行就可想而知了。日本正是凭借这样的优势顺利地推行了明治维新的改革方案，把自己发展壮大起来。但是随着日本的发展壮大，日本所谓的忠君思想也在这样的环境中逐渐演变为军国主义思想。日本的忠君思想由来已久，早在幕府时代，日本大名开始从军队以及地方挑选一些武艺较好的人来充当他们的保镖，这就是日本所谓的武士。武士本质上和中国大地主家里面的家丁是一样的。但是大名在培养武士的时候结合了中国儒家的忠君思想，这样日本的武士具有了只知其主而不知其国的思想意识。所以发展到最后，尤其是近代，日本个别军国主义者利用武士的这种所谓武士道精神发动了一场对日本本国来说也是灾难的战争。

日本的改革是成功的，他们在民族存亡的关键时刻，能够突破封建专制的枷锁，学习西方并结合自己的国情走上了一条适合自己的发展道路，这一点是值得我们借鉴和学习的，但后期受军国主义的影响所走的路也是值得警示的。工业的发展固然要依靠广阔的市场和丰富的资源，但是为此诉诸武力也许一时能征服一个国家，但是，一个民族的形成是经历了很长时间文化的沉积以及历史的淘炼而形成的，岂能是武力所能征服的？所以日本一开始的侵略就是一种错误的选择，随着这种错误的发展，导致了日本前期的资本积累在战争中灰飞烟灭，幸亏制度没有被毁灭，得以有今天的发展，否则，我们真的要去感叹历史了！

第二节 肤浅的革命

“皇帝倒了，辫子割了。”这八个字是目睹了辛亥革命的少年瞿秋白对当时社会变化的体验之辞，它形象地说明了辛亥革命的两大历史功绩：一是革了皇帝的命，一是革了辫子的命。

在中国，不懂得皇帝的权威，就不会懂得辛亥革命打倒皇帝的伟大历史意义。从秦始皇到宣统，在2132年的时间里，中国的历史是同皇帝联系在一起的。1902年梁启超在《新史学》中说：“二十四史非史也，二十四姓之家谱也。”因而力贬“只知有朝廷而不知有国家”的古典史学，倡导“史界革命”，重建近代新史学。“五四”以后，更多的人看到这一点，并予以抨击。但在“天下者主一人之天下”的中世纪中国，在皇权观念沦肌浃髓的时代，用皇权来记录历史却是一种必然。这种事实本身正说明了皇权所有过的强大力量。

作为人主，皇帝是世俗的权威；作为天子，皇帝是神圣的权威；作为君父，皇帝又是伦理的权威。一言以蔽之，朕即国家，朕即法律。皇帝高居于权力金字塔的顶端。地方听命于中央，中央听命于皇帝。韩愈在《原道》中说："君者，出令者也；臣者，行君之令而致之民者也；民者，出粟米麻丝、作器皿、通财货，以事上者也。君不出令，则失其所以为君；臣不行君之令而致之民，则失其所以为臣；民不出粟米丝麻、作器皿、通财贷，以事其上，则诛。"皇帝君临天下，臣是他的奴仆，民则是他的奴隶。对于臣民来说，雷霆雨露皆天恩。臣民的一切都是皇帝赐予的，甚至连处死也称之为"赐死"，被杀还要"谢主隆恩"。皇帝本是圆颅方踵之属，却无人敢以圆颅方踵之属视之。他掌握着生杀予夺的大权，主宰着历代臣民的命运；他操纵一切权力又凌驾于一切人之上。所谓"天下之事无大小皆决于上"。在皇帝之下，没有独立自由的个体，只有臣民而不可能有国民。《宋史·刘攽传》说："王安石在经筵，乞讲者坐。攽曰：'侍臣讲论于前，不可安坐。避席之语，乃古今常礼。君赐以坐，所以示人主尊德崇道，若不命而诸，斯可异矣。'"这种乐于俯伏而视抬头为怪的议论，以其可鄙的媚态说明了君权之下人性的畸形。

当然，不同的朝代，不同的皇帝会有不同的作为，其专制的程度也不一样，但专制的实质却是始终如一的。随着历史的推移，明代君权达到了高峰。明太祖朱元璋撤销中书省，废丞相，令六部直接听命于自己，创廷杖制度，置廷杖于殿上，臣下晋见皇帝，动辄挨杖，"天下莫不骇然"。清承明制，君权登峰造极，甚至连军机大臣也"只供传述缮撰，而不能稍有赞画于其间"。同时为维护赫赫皇权而深文周纳，大兴文字狱。明清时期，文忌之多，文网之密，文祸之惨，株连之广，都是前所未有的。致使众多文士学人不敢轻谈时事与政治，埋首经籍，“为考证而考证，为经学而治经学”。有位老臣梁诗正积数年之经验曰：“不以字迹与人交往，无用稿纸亦必焚稿。”这句话以一个臣僚的战栗之情说明了君主专制之狠之毒。

在漫长的历史中，农民战争曾不止一次地把皇帝拉下马。然而即使是造反的事业也体现了皇权主义。从陈胜、吴广到李自成、张献忠，都没有撞破王朝更迭的机制，只成为王朝周期性更迭的历史中介。秦、汉易代之际的项羽和刘邦以“天下苦秦久矣”而起，但对于帝王之威风却心向往之。一个说“彼可取而代之”，一个说“大丈夫不当如是耶”。阶级是对立的，生长阶级的社会土壤却并不是对立的。于是代替皇帝的仍然是皇帝。明末清初，出现过一批贬抑君权的知识分子，顾炎武、王船山、黄宗羲、吕留良、唐甄、金人瑞是其中之大有名者。在他们留下的议论和著述里，黄宗羲的《明夷待访录》和唐甄的《潜书》是最具民主性色彩的作品。黄宗羲说：“古者以天下为主，君为客，凡君之所毕生而经营者，为天下也。今也以君为主，天下为客，凡天下土无地而得安宁者，为君也。是以其未得之也，荼毒天下之肝脑，离散天下之子女，以博我一人之产业，曾不惨然，曰：‘我固为子孙创业也。’其既得之也，敲剥天下之骨髓，离散天下之子女，以奉我一人之淫乐，曰：‘此我产业之花息也。’然则为天下之大害者，君而已矣。”

对君权的怀疑和批判是这一时期卓识之士共同思考的题目。他们以之前从未有过的深度揭示出君主专制制度的许多致命的弊病。唐甄甚至说："自秦以来，凡为帝王者皆贼也。"其思路追迹所及的已不是一代的治国得失，而是自秦始皇以来整个封建君主专制主义统治的历史。这种思想一方面反映了君权达到高峰之后的历史反思；另一方面则反映了那时社会经济发展中产生的市民意识。虽然他们只能在古籍中寻求社会的出路，但这并不是倒退，他们毕竟天才地看到了中世纪行将临近的黄昏。然而，易代之后，清王朝株连残酷的文字狱又中断了这种思想，中国社会仍旧沿着皇权赓续的轨迹缓缓而行。

历史进入近代以后，西方近代民主思想逐渐传入中国。从不满君主专制、羡慕民主政治到反对专制政体、建立民主政治的要求，从忠君爱国到抑君爱国再到叛君爱国，先进的中国人逐步把目光和心思从唐虞盛世转到了中国之外的另一个世界，在中西比较中以新的思维对传统的专制政治进行了深刻的反思。他们从救亡图存出发，用进化论来论证民主政治取代君主专制的历史必然性，以天赋人权论、社会契约论、自由、平等、博爱等西方近代民主思想为理论武器对君主专制主义展开了猛烈的批判，力图在中国建立一个西方早已出现的民主政体。戊戌维新就是在中国建立君主立宪政体的尝试。而辛亥革命更以暴力推倒了帝制，代之以民国，为2132年的历史打上了一个用铁和血铸成的句号。只有漫长的历史才能称量出这个句号的真正意义和重量。它是一条分界线。在此之后，帝王由人主、天子、君父变成为人民的公敌。"敢有帝制自为者天下共击之"成为一种时代意识。随着帝制的取消，附生于帝制下的种种丑恶制度也被次第扫除，例如世袭制度、太监制度、包衣制度等等。

与“皇帝倒了”紧密相连的是纪年的改革。中国历代都采用帝王纪年，帝号即年号，如秦始皇几年、汉高祖几年之类。汉武帝开始于帝号之外另立年号，自此这种办法一直沿用到清末的“宣统”。20世纪初，革命党人以推翻清朝为己任，自然不愿使用清帝的年号；他们又有建立民主共和国的要求，也就不愿因袭过去那种以帝王个人为转移的纪年。当时拟议或运用的新纪年方法有：（一）以“天运”纪年，即惯用的干支上冠“天运”二字；（二）在干支上冠“中历”二字的纪年；（三）以清朝入关、明清灭亡为纪年起点；（四）以“周召共和”纪年；（五）以公元纪年。但用得较多的是黄帝纪年。黄帝是中华民族的远祖，以黄帝纪年取代清帝的年号，显然包含着轩辕子孙对于“鞑虏”的否定，包含着反满种族革命的思想。1903年7月，刘光汉在《国民明报》上发表了一篇《黄帝纪年说》，而后有附《黄帝纪年表》、《黄帝降生后大事略表》，申述应采用皇帝纪年的理由说：“民族者，国民特立之性质也，凡一民族不得不溯其起源。为吾四百兆汉种之鼻祖者谁乎？是为黄帝轩辕氏。是则黄帝者，乃创造文明之第一人，而开四千年之化者也。故欲继黄帝之业，当自用黄帝降生为纪年始。吾观泰西各国莫不用耶稣降世纪年，回教各国亦吐摩哈麦特纪年，而吾中国之纪年，则全用君王之年号。近世以降，若康、梁辈渐知十国纪年之非思以孔子纪年代之。吾谓不然，盖彼等借保教为实口故用孔子纪年，吾辈以保种为宗旨，故用黄帝降生为纪年。”

这段话概括了当时许多人的意见。在与清帝对抗的各种纪年中，以黄帝纪年为正宗。武昌起义后，许多人感到用黄帝纪年并不恰当。当时有署名“老圃”之人，作《论黄帝纪元》一文，认为“自革命以来，各省民军皆用黄帝年号，此为一时权宜计，固足以唤起国民之种族思想。然为永久之计，若欲以此为民主国之纪元，则与新民国之民主主义大相刺谬。”因为“我国所谓黄帝，无论其功德如何，要为专制政体之黄帝”，共和政府“方排斥之不暇，宁有崇拜之礼”，更以黄帝“年远代湮”，无确定生年，用作纪年，无可征信。于是，孙中山在就任临时大总统时，即电告各省都督：“中华民国，改用阳历，以黄帝纪元四千六百〇九年十一月十三日为中华民国元年元旦。”阳历的采用，不同于历史上的改元更朔。但民国初年出的历书是阴阳合历，一边用阳历，一边用阴历，农时二十四节气仍旧保留。这种与社会生产需要相结合的历法，是合理的。当时王闿运有一副对联：“男女平权，公说公有理，婆说婆有理；阴阳合历，你过你的年，我过我的年。”即反映了民国初年的社会风貌。阴阳合历的民国纪年法取代清帝的年号，表达了民主观念对帝王观念的否定。纪年的改革是“皇帝倒了”的结果，但对中华大地上远离革命风暴中心的人们来说，正是纪年的改革才使他们千真万确地相信皇帝已经倒了。

在当时人的心目中，与“皇帝倒了”相提并论的是“辫子割了”。辫子本是女人的一种风俗习惯，而非“汉官威仪”的应有之物。但随着满族的兴起和努尔哈赤的向外拓展，留辫与不留辫，遂由风习问题一变而为满汉民族间的一个严峻的政治问题。1621年，努尔哈赤攻下辽沈后，即大规模地强迫汉人剃发留辫。1644年，清兵入关，在攻占北京尤其是攻占南京之后，厉行剃发令，“叫官民尽皆剃头”，违抗者“杀无赦”。当时不但有“留头不留发，留发不留头”之令，而且还有“一个不剃全家斩，一家不剃全村斩”之令。中原汉人自古注重冠服，“披发左衽”是最不能忍受的奇耻大辱，更何况“身体发肤，受之父母”。剃发留辫违背了汉民族多年来的历史传统和思想感情，也因此演化成了满、汉之间的一种激烈对抗，于是便有了“扬州十日”、“嘉定三屠”等民族惨剧。清朝统一后，剃发留辫凭借政权的力量由满族的风俗变成了满汉民族共同的风习。既然是一种风习，也就有相当大的稳定性和凝固性，不容易改变。戊戌维新期间，康有为进呈《请断发易服改元折》，以辫子不利于打仗、不便于用机器、不利于卫生，且为外人耻笑为言，力主“断发”（即剪辫），认为不如此不足以“易视听”，不利于变法维新。辫子是一束头发，然而它又维系着家家户户同王朝和传统的一种历史联系，因此剪辫子与否不啻是一种严肃的政治抉择。19世纪末20世纪初，民主思想勃兴，留辫成了效忠清王朝的标志，剪辫则往往与反清革命相系结，带有鲜明的排满革命意识，是革命的标志。

武昌起义后，各地革命党人即动员群众剪辫。1912年3月，南京临时政府大总统致电内务部：“兹查通都大邑，剪辫者已多。至偏乡僻壤，留辫者尚复不少。仰内务部通行各省都督，转谕所属地方，一体知悉。凡未去辫者，于令到之日，限二十日一律剪除净尽。”以行政的命令推行剪辫，具有非同寻常的意味。在此之前，社会上对没有辫子的人，“最好的是呆看，但大抵是冷笑，恶骂。小则说是偷了人家的女人…… 大则指为‘里通外国’，就是现在之所谓‘汉奸’。”在此之后，剪辫非但是正当的，而且是一个必须执行的命令。于是，剪辫渐成一种新风尚，留辫者则为社会舆论所不齿，“非讥之为豚尾，即詈之曰满奴，甚欲削夺其选举权，以实行强迫手段”。鲁迅曾不止一次地说过，他感谢辛亥革命，就是因为从此可以不带辫子而自由自在。辛亥革命前后的两种迥然不同的情形说明，辫子比皇帝更直接地使每个普通老百姓感受到革命浪潮的冲击。

剪辫与否本身不会给社会生活带来多大影响，但在近代中国它显然又带有观念变革的意义。各个阶层的中国人曾在辫子面前展现过各式各样的面目。孙中山于1895年广州起义失败之后割掉辫子，表明了一个革命先行者同旧王朝的决裂。黎元洪于武昌起义军逼迫下割掉辫子，显示了一个旧官僚在威逼之下的政治转折。袁世凯于就任民国大总统的前夕割掉辫子，验证了一个“名义上是共和主义者，但内心却是专制君主”的人舍鱼而取熊掌的内心权衡。而梁启超的一个厨子由于被人割了辫子，大哭了几天，这是一种生活习惯，一种说不清剪不断的恋旧之情。而喝过洋墨水的辜鸿铭在辛亥革命很久以后还拖着辫子，还自诩“残雪犹有傲霜枝”，并傲然走上北京大学的讲台。这是一种植根于内心深处的自觉的遗老意识。形象虽然如此众多，但社会观念的变化毕竟已成为时代潮流。谁敢保卫帝制谁就成了人人讨伐的对象；谁还留着辫子，抱着老皇历自居于潮流之外就成了封建余孽。“封建余孽”四个字出现于辛亥革命后，鲜明地反映了这场革命矛头所向的威力。

附：

辫子的故事

清朝人都是留辫子的，现代的我们对清朝辫子都是通过古装电视剧了解到的。毋庸置疑，清朝给后人留下的众多宝贵遗产之一，就是为当今的电影、电视剧提供了丰富的素材。同时，我们也不否认，如今的电视剧，只能当做是百姓茶余饭后的消遣，决不能当做历史去学习。古装电视剧大多错误百出，驴唇不对马嘴。而我们今天所说的清朝人的辫子就在很多古装戏中被误用了。

据我们所了解，电视剧中的清朝辫子，几乎都是以头顶为分界线，巨大的额头，粗粗的辫子，辫子长得可以到达后腰，这是其突出的特点。但这是违背历史原状的，至少在清朝大部分时间里并不是这样。

清朝男人真正的辫子其实并不是这样的，当时辫子的样式有个名字：“金钱鼠尾辫”。所谓“金钱”是指发根面积如金钱般大小。可见，清朝人不是只剔除前额的头发，而是几乎剔除全部的头发，只在近头顶的中心位置留有一小撮的头发。这一小撮头发的大小，充其量也就只有几平方厘米，与金钱是一般大的。所谓“鼠尾”，是指辫子的粗细像老鼠的尾巴一样，又细又长，还会自然地下垂。如果做实验的话，辫子的粗细，是刚好能从铜钱的方孔之中穿过的。有了这样的两个标准，旗人的辫子才算是符合标准，这就是所谓的“金钱鼠尾辫”。那为什么旗人会有如此怪异的发型呢？原因有很多：一、满族是游牧好斗的民族，在打猎时他们总担心头发会刮在树枝上，而打仗时他们又担心敌人会揪住头发，因此他们索性剔掉头发以便于在山林中骑射、打斗。二、满人信仰的宗教是萨满教，在萨满教看来，人的后脑是真魂栖息的地方，被看做生命之本，必须有点头发覆盖其上以作保护。如果八旗将士在战场上阵亡，同伴必须将其发辫带回故里，隆重埋葬，这就是所谓的“捎小辫”。三、满族人后来入主中原，夺取天下，而“金钱鼠尾”的发式也有“扫平四夷，定鼎中原”的意思。所以，满族人对于辫子是有独特情感的。早在女真时期，满族男人为了配合这样的发式，就已经对胡子的样式有了严格的要求：胡须只留上唇左右十余根。

第三节 迷茫的中国

1911年的武昌起义吹响了辛亥革命的号角，随之而来的便是中国社会的一次真正的大变革。清王朝在这次真正的革命中终结了自己的生命。但是中国的社会性质却没有改变，革命带来的不是人们初期所设想的一个推翻清朝政府后的和谐，安宁，自由的社会，这时的局面显得更加混乱，北洋军阀们更是各自为政，争抢地盘，哪管什么制度不制度，民生不民生，一小撮曾经的维新派反而在这时又跳了出来，认为帝制才是中国最合适的制度，于是复辟的浪潮又涌动起来。中国现代化改革路程之漫长可谓是世界上少有的。从1840年国门被打开以后，我们就认识到工业革命的先进性，一直到这个普遍的真理被国民所接受，我们走了将近半个世纪。但是曾经凌辱过中国的帝国主义怎么可能坐视中国的强大呢？扶植军阀只是帝国主义在中国的一个权宜之策。随之而来的民国政府也只不过是欧美帝国在中国的新的代言人而已。中国的社会制度表面上是转变了，但是至于中国的真正统治者，依旧还是没变。统治者已经不是原来的皇帝了，但是谁掌握的军队多，谁的实力强，谁依然是中国的“皇帝”，只是名字改了一下，叫“总统”而已。在民族危亡的时候，我们的革命志士也在寻找救国之良策，但都失败了，一次次的救国运动反而成为了他人登上权力顶峰的垫脚石。回首这几次革命，武昌起义可谓是成功了，至少它建立了资产阶级共和国，废除了帝制，这毕竟是历史的一大进步，但是，资产阶级共和国的建立没有实现它建立之初的目标。我们不禁要反思，固然有外国势力的干涉，但是在我们民族内部，根深蒂固的农耕文化世代影响着我们，集权在中国发展了几千年，我们仅仅靠西方传播进来的思想就想去解决本质问题，这是一个多么可笑的事情？况且在我们国家自己的发展路上，我们有自己独特的文化概念，岂是西方文化所能颠覆的？是的，我们在20世纪初落后了，于是我们开始模仿他人的改革。尤其是日本改革的成功对中国是一个不小的震动，我们就去学习了。在清末的时候，我们也曾仿效日本的君主立宪，后来这个改革失败了。随后去追随着西方，学习西方的三权分立，建立了资产阶级民主共和国，可是我们的国情也并没有因此而改变。**我们从来就没有去反思过自己，我们只是觉得别人的都是好的，一味地去学习，去接受，可是如此之大的国家几千年的文化积淀岂能一下去改变？**尤其是君权文化在中国早已被合理化了，可是今天突然被推翻了，而且没有合适的理由，只是一味去宣扬西方社会就是这样的，他们没有什么，我们也应该没有什么，真是一个可笑的理由。即使有一少部分人可能认识到了问题的本质，如此大的中国，他又怎么能让每一个人都接受呢？一个靠不住的理由，一个永远无法宣扬的精神。中国人在最后还是恪守了传统，所以每一次改革都是以失败而告终，包括辛亥革命。民众只知道改朝换代了，他们根本不知道为什么去改朝，改过之后会是什么样子。他们还以为像当年的李闯王一样又建立了一个新王朝，所以大家的生活依旧，改革变成上层人物的政治游戏。

辛亥革命是中国历史的一个转折点。清政府的几次维新都失败了，这注定了它灭亡的命运，但新建立的资产阶级共和国并没有像日本、英国一样使中国也走上富强的道路。在这期间，中国的工业在新思潮的推动之下，有了一定发展，尤其是“一战”的时候，西方资本主义国家忙于欧洲的战争，无暇顾及东方，这就给了民族工业发展的机会。当然，一个国家的工业要很好地发展还是要靠它良好的政治环境，中国处于这样一个特别的政治环境中，工业的发展也就是昙花一现。当“一战”结束以后，中国也进入到了国民党官僚资本的统治之下，民主思想已经消失殆尽，官僚资本依靠掌握国家政权逐步在中国强大起来，可是这不是为了国家而强大，是为了一己私利。所以，辛亥革命尽管改变了中国两千多年的政治现状，但是在革命的旗号下，依然沿着中国两千多年来的道路在往前走。没有给国家带来富强安宁的革命竟然被历史上的少数人称之为成功的革命，我们不禁为之慨叹。直到1949年，我们的国家才算是真正掀开了新的一页，我们的民主被真正地实现。而之前的一切，留给我们更多的是惋惜……

第四节 让人叹息的衰落

英国在工业革命以后正式走上称霸世界的道路，其雄厚的工业实力以及广阔的殖民土地，给英国带来了丰厚的回报；其制度的优越以及军事实力的雄厚更是让英国成为了真正的世界霸主。但是在繁荣的背后，帝国也在逐渐朝着没落的方向走去。

工业的发展使英国由一个农业国逐步转向了工业国，但是在转变的过程中也带来了不少社会问题。首先，工业化社会是一个社会流动性大大增强的社会，为了谋求生计，人们只得四处走动，这样就造成了英国教区的纽带被削弱，新来的人不愿服从教区管理，出去的人也不愿意买原来教区的账。矛盾就这样产生了。同样，工业化造成了社会财富分配的变化，地方贵族、乡绅的经济地位开始衰落，为了维持生计，他们也不得不投入追求财富的洪流中，这样也就间接地造成教区官员的流失。与乡村的教区相比，自治城市尤其是在工业化中新兴的工业城市，问题更加突出。一方面，城市管理机构缺少公开性与透明度，贪污腐化横行的情况随着工业化的来临而愈演愈烈；另一方面，人口的急剧增加也造成了以前从未有过的各种城市问题，如卫生问题、环境污染问题、供水问题、就业问题、住房问题、社会治安与犯罪问题、救济穷人问题以及城市建设问题等。由于这些几乎都是新出现的问题，传统的市政当局并没有设置相关的机构，因而也不可能实施有效的管理。这样英国工业化造成城市与乡村发生巨大的社会变化，地方政府制度却没有根据时代的需要作出相应的调整与变革，政府制度严重滞后于社会的发展，这对于一个国家的全面长远发展造成了深远的影响，因而成为英国在强盛之后迅速走向衰落的因素之一。

英国是世界上最早建立近代文官制度的国家，英国的文官制度也因其优越性曾一度被西方各个国家争相模仿。但是作为一个制度来说，不可能没有弊端，文官制度同样也有弊端。从其录用官员上来看带有封建主义色彩的恩赐制极为流行。一方面，国王利用手中掌握的一部分任命权，将自己的心腹安插进入政府机构；另一方面，政党政治的发展促使党派分肥制的产生，一旦某一政党赢得大选而上台执政，官职立即成为犒赏的筹码，恩赐给那些在大选中立下汗马功劳之辈，或者自己的亲朋好友，或者那些愿意出大价钱的人。大多数文官，尤其是事务官，都是由各部大臣或各部下属机构的负责人根据个人意愿任命产生的，这不可避免地导致裙带关系、买卖官职、收取佣金等腐败现象的产生。尤其是那些享有恩赐权的人利用手中大权买卖官职、索取佣金的情况十分普遍。这样做的结果是，文官队伍的素质低下，不学无术、品质恶劣、庸碌无能者得以身居高位，严重影响到政府的工作效率与声誉。还有在文官的管理方面也非常混乱，没有一套固定的规则制度。就任期而言，政务官随执政党的变化而共进退，只要其所属政党当政，任期就一直持续，事务官的任期则没有任何限制，只要恩赐者满意，只要当官者自己不出事，他们就可以常任。许多文官的任期长达30年，个别的甚至达到五六十年。对于文官们日常的工作职责，当时缺乏有效的纪律约束与监督考核机制，由此导致官僚主义盛行，尸位索餐现象严重，政府的工作效率非常低。文官队伍是一个国家的精英阶层，文官素质的高低以及文官制度的完善与否，对于国家的大政方针会产生决定性的影响。一支腐败的低素质的文官队伍，很难做出有利于国家与社会长远发展的重大决策。比如在克里米亚战争初期，英军在战场上的失利，就直接与一批腐败无能者进入军队领导层有关。到了19世纪70年代后，英国才意识到了文官制度中存在的种种弊端，并由此进行了大规模的变革。然而，此时英国在经济上的优势地位正面临美、德等国的挑战，迟来的改革显然不能挽回英国的颓势，衰落就在情理之中了。

英国的衰落还表现在议会选举制度上。议会选举制度是政治制度的一个重要方面，其弊端表现在：从选举权方面来看，当时实行的选举权制度十分古怪，全国没有统一的选民资格标准，各地实行不同的选举人资格。比如在城镇，有的规定一切“自由民”都有选举权，有的则规定只有交纳济贫税者才可以取得选举权，还有的规定只有市镇机关成员才能参加选举，有些城镇还把选举权附属在几块特别的房产上，谁占有它就能得到一张选票。

制定这种光怪陆离的制度的目的只有一个，就是把选民数压低到最低限度，以便贵族操纵选举、控制选票。

从议席的分布来看，中世纪的定式一直沿用，延续了几个世纪的选举权制度却没有随着人口的变化而调整，因此出现了议席分配极不合理的状况，尤其是衰败选邑问题突出。据相关资料显示：19世纪初，英格兰的202个选邑中，有40~50个人口数只在100~200人，14个在50~100人之间，20个在20~50人之间，4个在10~19人之间，其中有1个镇只有5名居民，甚至有两个根本就没人居住。著名的衰败选邑老萨勒姆早已变为农田，唯一能表示选邑所在的是在田中竖的一块石碑。还有些选邑已经沉到北海里去了。每到选举的时候，选民们就必须乘船出海，去行使他们的神圣权利。与衰败选邑形成鲜明对比的是在工业革命中崛起的新兴城市，那里尽管人口众多，但得到的议席却很少。例如，伦敦加上近郊索思沃克、米德尔塞克斯和威斯敏斯特等选区，人口已经达到百万，而且也是全国经济文化中心，但却只有10个议席。大量新兴城镇、工商业中心，有的连一个席位也没有。1820年，虽然曼彻斯特、伯明翰、利兹三市的人口已总计50万，但却从未派过一名议员。这种现象是多么令人奇怪！

从选举方法来看，更是十分腐败。在“旧制度”下，收买选票是在光天化日下进行的。一张选票值多少钱，甚至都有明码标价，于是便出现了一手交票，一手交钱的现象。每逢大选的时候，各投票点大吃大喝，杯盘狼藉，选民们喝得醉醺醺的，一派腐败景象。穷人依靠手中的选票来换取急需的钞票，而贵族们正是依靠手中的钞票来换取急需的选票，随后又以议席作为资本，不仅控制政权，而且能捞取更多的好处。

正是通过这种议会选举制，贵族们牢牢地控制着国家政权，使政权成为维护其自身利益的工具。新兴的社会阶层，无论是经济地位显赫的中等阶级，还是靠出卖劳动力为生的工人群众，他们全都没有选举权，更谈不上被选举权了。而正是这两大阶层，成为新兴工业化社会的重要支撑力量，没有他们的积极参与，英国的工业化就无法进行。贵族垄断政权，而将其他社会阶层排斥在政权之外，这样的情况如果在工业化早期还不为人所注意而尚且能容忍的话，那么，随着工业化的推进，尤其是英国经济的发展以及向世界最强盛国家的迈进，贵族专权的情况便越来越令人难以容忍了，它甚至有损于英国作为一个世界强国的形象。

英国不仅在政治制度方面问题多多，而且在英国人引以为荣的经济领域也是问题重重。英国在经济方面一贯奉行“自由放任”政策，在工业化的初期，“自由放任”政策的实施为经济的发展创造了良好的社会环境。不过，任何政策推行到极端就会走向反面。**“自由放任”模式的最大弊病就表现在社会生产的完全无序状态。由于生产的无序化导致生产过剩，周期性的经济危机就会不可避免地发生**。经济危机的爆发对于一个依靠经济来生存的国家是致命的打击，工厂在经济危机中受到重创而倒闭，失业率也就随着上升，造成人民生活水平的下降，不少人由此陷入贫困当中，社会问题也由此而产生。

当英国人还没有完全认识到内部的问题的时候，其外部的殖民地也出现了问题，尤其是和德国在殖民地上的矛盾，直接引发了第一次世界大战。工业革命发源于英国，但是在后期的传播过程中，被德国很好地吸收并发展起来，德国的工业步伐很快赶上并超过了英国，这就造成德国在发展工业的时候急需广阔的原料产地和销售市场。由于德国是后来居上的，在此前，所有可能的殖民地已被瓜分殆尽，而其中英国又是占有殖民地最多的国家，所以英、德的利益冲突也就在所难免了。战争的爆发不是偶然的，是资本主义国家间长期的利益冲突最直接的表现。“一战”爆发后，其主要战场在欧洲大陆，英国虽与欧洲大陆隔海相望，但是也没有做到独善其身，尽管英国是最后的胜利者，可是战后的英国已经失去了往日的辉煌。尤其是其殖民地纷纷爆发民族起义浪潮。爱尔兰不再接受自治主张，转而提出独立的要求。印度也向自治方面迈出了一步。印度在“一战”中派出了100多万的军队，使得英国不得不让印度享受与自治领同样的待遇。战后不久印度又在圣雄甘地的领导下，开展“非暴力不合作”运动，走上了独立之路。第一次世界大战后，大英帝国开始全面瓦解。

结　语

在本书即将封笔的时候，我不禁感慨万千。通过写作本书使我又一次学习了这段历史。其实从内心深处来说，我是很不愿意接触这段历史的，我不想在书中看到那被毁灭掉的东方文明。是的，我承认英国的工业革命是伟大的，它为人类社会的发展做出了巨大的贡献，我们今天之所以能有如此发达的文明，如果没有工业革命的开头，也许还要晚上几年。但是，这并不能为工业革命所带来的罪行开脱。尤其是日本，尽管他们的改革是成功的，但是日本在后期的发展是建立在掠夺中国的基础上的。尽管军国主义在“二战”中失败了，但是留给中国人民的伤痛怎么能够消失？我们可以叹息清朝政府没有抓住机会去改革，可是对于建立在对其他国家的血腥掠夺上的工业革命，每一个有良知的人，是绝对不能接受的。以侵略他人来满足自己发展的要求，这样的工业革命，也就是像日本那样狼一样的国家才会为此而疯狂。

写到这里，我最大的感慨是，世界上没有哪个国家会长久地称霸，从早期的英国开始，到欧洲的德国、亚洲的日本，最后都是以失败而告终。尽管他们曾经有过辉煌，但是工业化以后的世界不再是一个封闭的世界，国家和国家之间的联系更加密切，所以势力均衡就成为各个国家平衡发展的“潜规则”。当某一个国家特别冒尖的时候，也就注定其最终被打压的命运，尽管有一些国家有强大的经济实力和优异的社会制度。“一战”使大英帝国解体，“二战”促使了日本帝国的灭亡，历史再一次告诉我们，靠暴力发展壮大自己终究是靠不住的。

从英国的“光荣革命”开始到“二战”结束，英、日两个帝国的兴衰，给予我们深深的警示。客观地去看待英国、日本两国的社会变革，以及变革所带来的影响，对于我们研究历史有很大的帮助。今天的世界已经不再是个别国家的世界了，信息已将我们连接成为一个整体了。面对那段不堪回首的历史，我想中国应该认真反思。而对于英、日两国来说，我想他们更应该去反思怎么样去正确地推行他们所发明的优良制度。

历史不再会改变，历史留给我们更多的是其中所包含的宝贵经验，我们可以去感叹英国的辉煌和日本的强大，但是在其背后所起到支撑作用的政治制度更应该是我们学习的。早期的中国统治者认为，学习这些东西无异于背弃祖宗家法，是大逆不道之举，可是却没有看到在制度的推动下，国家将会变得如此的富强。这就是我们在看清历史以后所要学习的东西。英国的工业革命，一场历史性的巨变，它改变了几乎所有国家的命运。面对这场巨变，我们应该是为之喝彩还是惋惜那逝去的文明？所有的一切，还是留给历史来评说吧！